JN117009

マイフィンランドルーティン100

北欧好きをこじらせた私が旅先で愛してやまないこと

週末北欧部 chika

Moi!

はじめに

12年以上フィンランドに通っていると、
友人たちに「フィンランドのおすすめを教えて」と聞かれることが増えてきた。

どうやら、北欧好きをこじらせて
フィンランドで暮らすにはどうすればいいかを考えた結果
「寿司職人を目指そう」と本気で修業を始めた私を見て
「フィンランドには、人を虜にするすごいものがあるらしい……」と、
友人たちも期待を抱いたようだ。

ガイドブックを買えばそれなりの情報が手に入るこの時代に、
「あなたが本当に好きな場所を教えて!!」という強いリクエストが届く。

そのたびに、私は「自分が本当に愛してやまないものだけ」を伝えている。
初めてフィンランドに行く友人には、
きっとフィンランドを好きになる、3日で回れるダイジェストともいえる場所を。
2回目の友人には、季節に合わせた楽しみ方を。
3回目を超える友人には、
「絶対これは知らないだろうな」と誇れるマニアックなスポットを。

そんなすべての「愛してやまないもの」を書き出してできたのが、
この『マイフィンランドルーティン100』だ。
この本の中には、私が愛してやまないフィンランドのものが、すべて詰まっている。

「とりあえずやってみる」がモットーの私が、
フィンランド人や北欧好き仲間におすすめされるがままに経験した
数えきれない物事の中でも、「一生続けたいな」と思えた
大好きなルーティンばかりを詰め込んだ一冊。

初めてフィンランドに行く人には、
初めてとは思えない「ディープな旅」への案内書として。
すでにフィンランドが大好きな人とは「そうそう、これなんだよ……!!」と、
本を通じて一緒にフィンランドを愛せたなら、これ以上幸せなことはありません。

1人でも多くの人が、自分らしいルーティンに気づくきっかけになりますように。

フィンランドへ行く準備

フィンランドに行くと決めたら、まず準備する4つのこと。
どんな旅になるのか、準備の段階から楽しい……!

チケットを取る

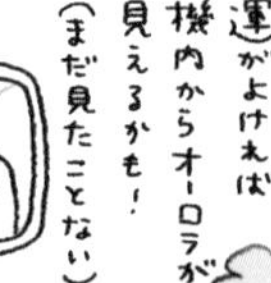
運がよければ
機内からオーロラが
見えるかも!
(まだ見たことない)

- エクスペディアでチケットの価格を比較する
(予約も同じサイトでできる)
- フィンエアーのフライトは、着く前から北欧気分が増して楽しい
- 日本航空も、機内食の満足度が高くておすすめ
- 座席は、行きは「右端」、帰りは「左端」を指定して、オーロラチャンスを狙う

使うサイト

オンライン旅行代理店サイト

エクスペディア
https://www.expedia.co.jp

フィンエアー公式サイト

Finnair
https://www.finnair.com/jp-ja

ホテルを決める

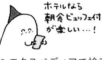

ホテルなら
朝食ビュッフェ付が楽しい…!

- エクスペディアで検索、予約する
- ヘルシンキに滞在するなら、中央駅から徒歩圏内のホテルが便利
- 滞在中に近場のホテルをハシゴして、いろんな朝食を食べるのも楽しい
- Airbnbでアパートやコテージを借りることもある(詳しくはP214へ)

使うサイト

オンライン旅行代理店サイト

エクスペディア
https://www.expedia.co.jp

空き部屋や
コテージをレンタルできる

Airbnb
https://www.airbnb.jp

イベントを探す

- 気になるイベント情報をチェック
- 特に夏は音楽フェスが盛りだくさん!
- 蚤の市の情報は、City of Helsinkiのサイト内で「flea markets」と検索すると、開催スケジュールの確認ができる

使うサイト

総合観光情報

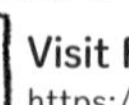

Visit Finland
https://www.visitfinland.com/ja/

フェスティバル情報

Finland Festivals
http://www.festivals.fi

ヘルシンキ情報

City of Helsinki
https://www.hel.fi/helsinki/en

ホリデイを整える

- ヘルシンキは小さな町なので3日もあれば満喫できるけれど、5〜7日あるとコテージでの滞在も楽しめる
- 現地の人との交流はCouchsurfing(カウチサーフィン)でも可能
*口コミを確認して、信頼できるホストにコンタクトを取ろう
- アクティビティはGet Your Guide(ゲットユアガイド)やAirbnbで検索

使うサイト

旅行者向けSNS

Couchsurfing
https://www.couchsurfing.com

現地ツアー予約

Get Your Guide
https://www.getyourguide.jp

Airbnb
https://www.airbnb.jp

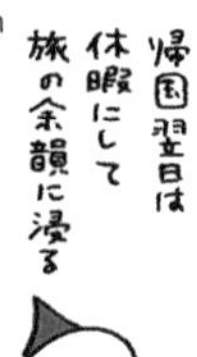
帰国翌日は
休暇にして
旅の余韻に浸る
楽しかったなあ…

フィンランド旅の持ちもの

私の経験から見た、旅の必需品！

ウエストポーチに入れて持ち歩くもの

ウエストポーチ

パスポート

スマホ

イヤホン

ペン

カメラ

クリップ
SIMカードの取り出しに使う

クレジットカード・現金
現金は少しでOK

スーツケースに入れていくもの（通年）

お土産用のスペースも確保しておこう！

IKEAの大袋
購入したお土産を入れる

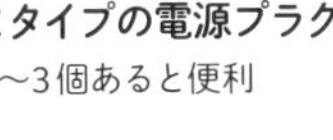

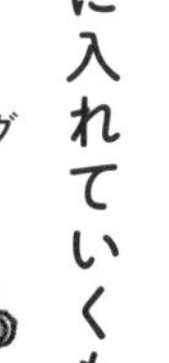

iPad・PC
現地でのひらめきをメモする

充電器

Cタイププの電源プラグ
2〜3個あると便利

旅の指差し会話帳
フィンランド人との会話が初対面でも盛り上がる

スキンケア用品
フィンランドは湿度が低く、乾燥しやすい

めがね

常備薬

化粧品

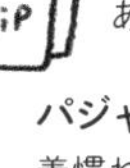

くし・トリートメント

コンタクトセット

歯磨きセット

ヘアアイロン
海外対応のものを買う！

消臭スプレー

ボディタオル

ジッパーバッグ
あると何かと便利

パジャマ
着慣れたものが一番！

水着
サウナで使う

下着・靴下

フィンランド人に喜ばれるお土産

現地で会う約束をしていたり、旅先で知り合ったフィンランド人に渡す用に持っていく。

キットカット抹茶味
抹茶一択、人気NO.1！

じゃがりこ サラダ味
フィンランド人には病みつきの味らしい

ロイズの生チョコ
小麦アレルギーの友人に

スパークリング日本酒
飲みやすくて好評

ミニ樽入り酒
見た目で人気！

缶ビール
アサヒはフィンランドでも売っているので、キリンがよい

現地で買うのもおすすめなもの

折りたたみ傘
マリメッコのものを愛用中

日焼け止め

シャンプー・リンス
かわいいけど髪がバサバサになるので、トリートメントは持参。

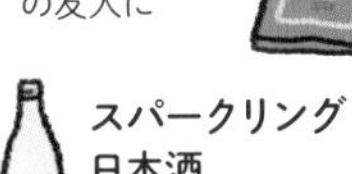

ワンピース・バスタオル
マリメッコで現地調達！

ウィンターブーツ
滑らないあったかブーツが、フィンランドにはたくさん！

冬は追加で持っていくもの

ユニクロのヒートテック類
フィンランドにユニクロはない……！インナー、レギンス、タイツがあると安心

ダウン
現地では高価なので、持っていくのがおすすめ

手袋

ニット帽

ヘルシンキ中心部の地図

ハカニエミ
Hakaniemi方面
79 marimekko 本社
84 Pääkaupunkiseudun Kierrätyskeskus パーカウプンキセウドゥン キエッラトュケスクス
87 Hakaniemi Market Hall ハカニエミ マーケット ホール
遠出スポット
47 Cafe Kuusijärvi カフェ クーシヤルヴィ
ヘルシンキからバスで約30分。ヴァンターという街にあります。
Suomenlinnaへのフェリー乗り場
スオメリンナ
Suomenlinna方面
ロウリュ ヘルシンキ
Löyly Helsinki方面

ヘルシンキ中心部

1 Soppakeittiö
ソッパケイッティオ

3 22 23 Market Square
マーケット スクエア

5 ROBERT'S COFFEE
ロバーツ コーヒー

6 Kaffa Roastery
カッファ ロースタリー

8 Konstan Möljä
コンスタン モルヤ

9-❷ Sushibar + Wine
スシバー プラス ワイン

10 Singapore Hot Wok
シンガポール ホット ウォック

11-❶ HESBURGER
ヘスバーガー

11-❷ BLACK GRILL & CAFE
ブラック グリル アンド カフェ

13 90 S-market
エスマーケット

14 EKBERG エクベリ

16 Ravintola Factory Aleksi
ラヴィントラ ファクトリー アレクシ

19 Cafe Cao カフェ ツァオ

20 Kappeli カッペリ

26-❶ Aseman Wursti
アセマン ヴルスティ

26-❷ Minuuttibaari
ミヌーッティバーリ

29 Ravintola Teerenpeli
ラヴィントラ テーレンペリ

30 Ateljee Bar アテリエ バー

31 Alko アルコ

34 89 91 STOCKMANN ストックマン

37 69 ヘルシンキ中央駅

38 ヘルシンキ大聖堂

48 Finnkino Tennispalatsi
フィンキノ テンニスパラツィ

49-❶ Akateeminen Kirjakauppa
アカテーミネン キルヤカウッパ

49-❷ Cafe Aalto
カフェ アアルト

50 Levykauppa Keltainen Jäänsärkijä レヴィカウッパ ケルタイネン イェンツェルキヤ

59 Tokyokan トウキョウカン

61 Kaivopuisto
カイヴォプイスト

62 Ravintola Kamome
ラヴィントラ カモメ

64 Oodi オーディ

71 K supermarket
コー スーパーマーケット

73 Anton & Anton
アントン アンド アントン

77-❶ Marimekko Forum
マリメッコ フォーラム

77-❷ Marimekko Kamppi
マリメッコ カンッピ

77-❸ Marimekko Aleksinkulma
マリメッコ アレクシンクルマ

77-❹ Marimekko Esplanadi
マリメッコ エスプラナーディ

77-❺ Marimekko Stockmann Helsinki
マリメッコ ストックマン ヘルシンキ

81 Karhu Concept Store
カルフ コンセプト ストア

82 kiasma キアズマ

85-❶ Scandinavian Outdoor
スカンジナビアン アウトドア

85-❷ Partioaitta
パルティオアイッタ

86 Fasaani Antiikki Helsinki ファンサーニ アンティーッキ ヘルシンキ

88 97 iittala Store
イッタラ ストア

93 Chez Marius
シェ マリウス

Töölö Bay方面

2 Regatta レガッタ

9-❶ Sushi wagocoro
スシ ワゴコロ

17 Sinisen Huvilan Kahvila
シニセン フヴィラン カハヴィラ

27 Töölö Bay トーロ ベイ

35 Kahvila Tyyni
カハヴィラ ティーニ

43 Hakuna Matata SUP Rental ハクナ マタタ サップ レンタル

80 83 Prisma Tripla
プリズマ トリプラ

48

遠出スポット

41 42
Nuuksio National Park
ヌークシオ ナショナル パーク

ヘルシンキから電車とバスを乗り継いで約1時間。エスポーという街にあります。

8

本書に登場するスポットの地図です
数字はエピソード番号と対応しているのであわせてお楽しみください

目次

Part 1 食べる

Column

Part 3 楽しむ

じぃ…

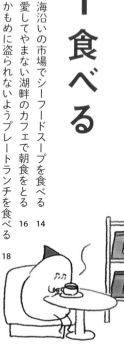

Part 2 飲む

Part 4 買う

フィンランド情報

天国!?

※本書に掲載している情報は、2021年8月現在のものです。

Part 1

食べる

具がはみ出ないように
紙に巻かれているのも
愛おしいです…
このイモ感が
いいですよね！
確かに…！

この港沿いのマーケットに愛してやまないスープ屋さんがある

ヘルシンキ最古の屋内マーケットホール…

このゴチャッとした市場の中に10年以上通うSoppakeittiö（ソッパケイッティオ）というスープ屋さんがある

今日もルンルンで市場を進み小さなスープ屋さんを目指す

ルンルン

注文を終えたらレジの横にちょこんと置かれたバジルソースを持って席に着く

今日はカウンターにしよう。

どの席にも焼きたてのパンが2種類カゴに盛られて置いてあり

そのパンをムシムシむしってバジルソースをつけて食べながらスープが来るのを待つ時間が好き…

そしてやってきた北欧サーモンと
小エビ・ムール貝がゴロゴロ入った
具だくさんのシーフードスープ
世界でいちばん
好きなスープ…こ
飲むというより〝食らう〟ボリューム感
暑い夏の日も
寒い冬の日も
ふわっと心が満たされてしまう

真ん中に丸く浮かんだアイオリソースを
スープに溶かしながら食べると…
おいしい〜〜
しみる〜〜
しみわたる〜〜
これこれ〜！と何年経っても
笑顔になってしまう味があるというのは
どうしてこうも嬉しいのだろう

ヘルシンキの水辺に佇む愛してやまないカフェがある

その店の名前はRegatta（レガッタ）
小さな赤い建物が目印だ
RCGATTA
このカフェにはフィンランドの
アドベンチャーがすべて詰まっていると思う

まず店内の至る所に
変わったものが溢れている
モイ
天井からスケート靴が
ぶら下がっている…
モイ！

外には焚火があり
ソーセージを買って
自分で焼いて
食べることも
できる
パチ
パチ…
ブランケット
貸してくれる

欠かせないのはコーヒー
シナモンロール　ブルーベリーパイ
この3つを食べることで
私のフィンランド旅は完成する…
焼きたてのシナモンロール
クリームたっぷりしっとりめのブルーベリーパイ
たっぷりサイズのコーヒー

朝9時台
まだ混みあっていない店内で
ゆっくり外を見ていると
何故か懐かしい気持ちになる

ずっと前から
ここを知っていたような…
そんな気持ちになる場所だ

コーヒーのおかわりは無料だ
さらにコーヒーをおかわりすると
なぜか5¢（セント）もらえる
Kiitos!
!?
キッ…キートス!
謎システムッ!
クセの強いこのカフェは
フィンランドのよさがギュッと詰まった
特別な場所だ

マーケットに来ると必ずよくばりプレートを食べる

ここはMarket Square
工芸品や新鮮な野菜
そして食べものの屋台が
ずらりと並び年中賑わう
海沿いのマーケットだ
サーモン…
ムイツク…
マッカラ…
食べたいものがありすぎる…!

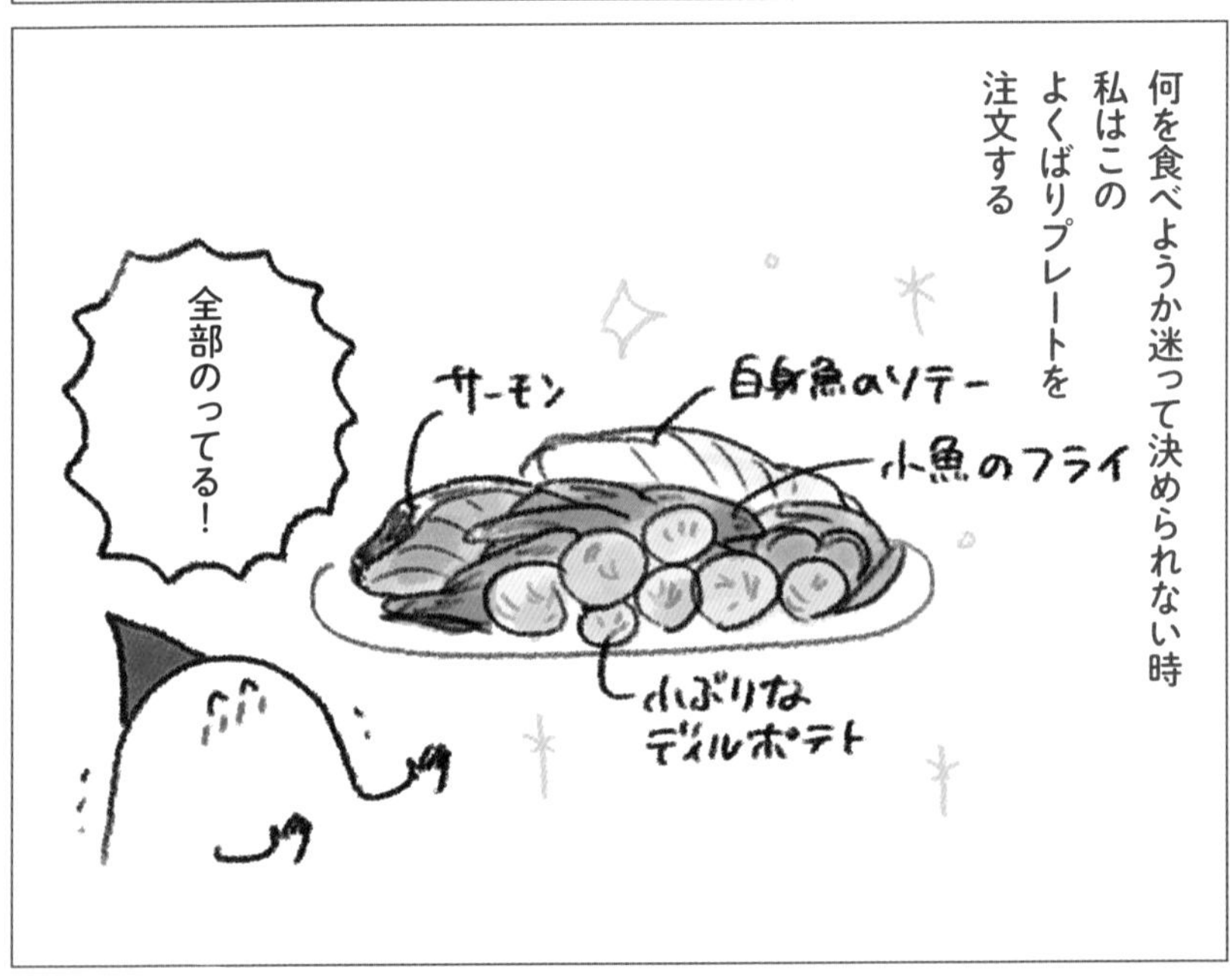
何を食べようか迷って決められない時
私はこの
よくばりプレートを
注文する
サーモン
白身魚のソテー
小魚のフライ
小ぶりな
ディルポテト
全部のってる!

サーモンももちろん
おいしいけれどつけあわせの
丸々としたポテトが
ホクホクでこれまた美味…
ディルが効いてて
おいしいッ…！

そしてこのプレートを好きなのは
私だけではなく
くださいな
くださーい
フィンランドの大きな
かもめたちからの
熱烈な視線が毎回すごい

ある年 プレートを持っていたら
見事にサーモンを攫われたことがある
いただきっ
ヒュンッ
かもめも大好きなよくばりプレートを
大事に守りながら食べるのも
冒険感があってなんだか楽しい

サウナで絶品サーモンスープを食べるのが好きだ

フィンランドといえばサーモンスープ
そして中でも私が好きなお店が
ヘルシンキにあるのだ…
そう このサウナの中に！

ここはLöyly（ロウリュ） Helsinki（ヘルシンキ）…
ヘルシンキにありながら
本格的なサウナを楽しめる場所だ
サウナの後は
海にも飛び込める！

サウナの後はすぐ隣に併設された
レストランに立ち寄るのが私の密かな楽しみ
いらっしゃい
Terve!
こんにちは
Moi!

サーモンスープを待つ間
海を見ながら
シードルを飲むのが好き
リンゴのお酒シードルは
さっぱりしていて
お昼時にもぴったりだ

そしてやってきた
サーモンスープ…！
黒パンがついてくる
このサーモンスープにはたっぷりと
スモークサーモンが使われている

テラス席で外の風を感じながら
もりもりと食べるサーモンスープ
あまりにたっぷりで
またもや〝食らう〟スープ
おいしい〜〜
サウナとスープ…
この組み合わせが
私のお気に入りだ

フィンランドのコーヒー店 ロバーツコーヒーが好きだ

ここはフィンランドを代表する
コーヒーチェーン ROBERT'S COFFEE（ロバーツコーヒー）
朝の出勤時間には
地元の人たちも多く立ち寄る
地域に愛される店だ
ROBERT'S COFFEE

気分でコーヒーかカプチーノをオーダーして
街を散歩する時や
電車で旅に出る時のお供にする
みどりのカップが目印!
歩き疲れた時には
海沿いの市場にある木造の店舗で
まったりコーヒーを飲むのもよい…
COFFEE®

そして愛してやまないのが
ここのシナモンロール
コーヒーに合うように作られた
ロバーツコーヒーの自信作で
日によって顔より大きい時がある

クリスピーでカルダモンが香る生地の中には
たっぷりのシナモンフィリング
シャリシャリのパールシュガーもいい…
コレコレ〜〜…!!
カリカリ
モサモサ
トロトロ…
奇をてらわないザ・フィンランドの
シナモンロールという王道感ッ!
ここのシナモンロールは
コーヒーに最高に合うと思うのだ
食べ切れない時は
翌朝の朝ごはん用に持ち帰る

Column 1

フィンランドのシナモンロールを作る

フィンランドを舞台にした
映画『かもめ食堂』
一番好きなのが
シナモンロールを
作るシーンだ

フィンランドのシナモンロールは
スパイスパンという感じで
パサパサと重たい
それがコーヒーに
とてもよく合う！

なかなか日本では味わえない
テイストなので
自分で作ろう!!
…と よく深夜に思い立つ

作り方は意外と簡単だ
発酵時間も30分なので
すぐにできる
SUGER

材料（9個分）

●生地
強力粉…250g
薄力粉…50g
塩…小さじ1
卵…1/2個
バター…30g
牛乳…180ml
A 砂糖…35g
カルダモン…小さじ1
ドライイースト…5g

●中身のフィリング
バター…適量
シナモンシュガー…適量

●飾り付け・ツヤ出し
卵黄…1/2個分
ワッフルシュガー…適量

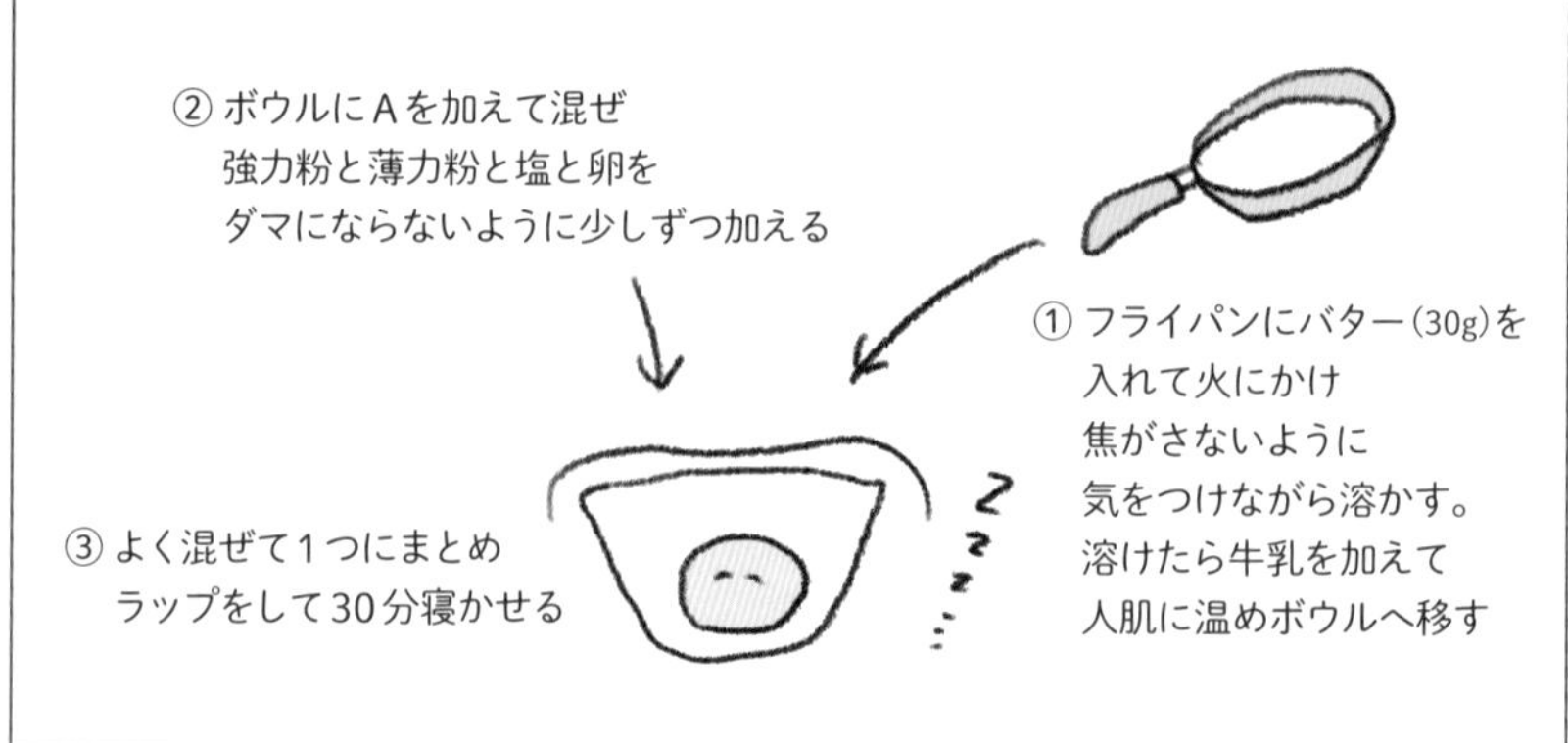

① フライパンにバター（30g）を
入れて火にかけ
焦がさないように
気をつけながら溶かす。
溶けたら牛乳を加えて
人肌に温めボウルへ移す
② ボウルにAを加えて混ぜ
強力粉と薄力粉と塩と卵を
ダマにならないように少しずつ加える
③ よく混ぜて1つにまとめ
ラップをして30分寝かせる

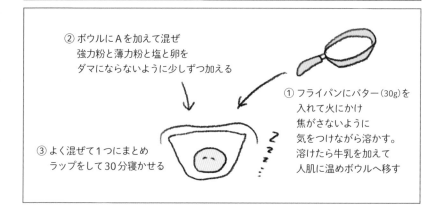

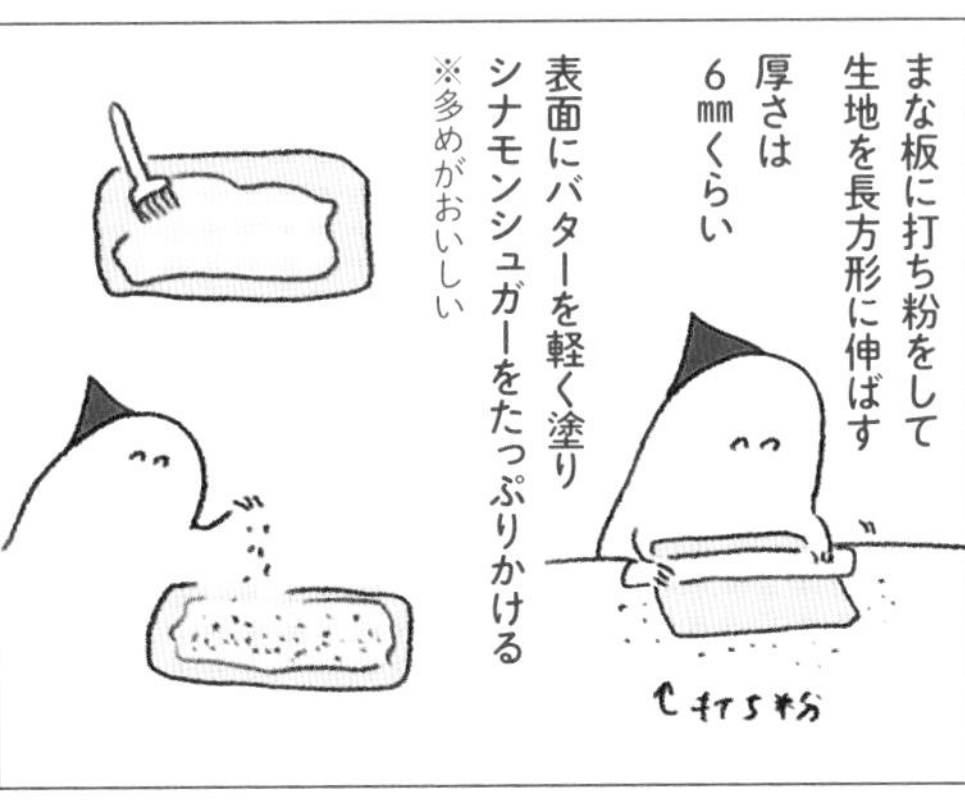
まな板に打ち粉をして
生地を長方形に伸ばす
厚さは
6㎜くらい
表面にバターを軽く塗り
シナモンシュガーをたっぷりかける
※多めがおいしい
↑打ち粉

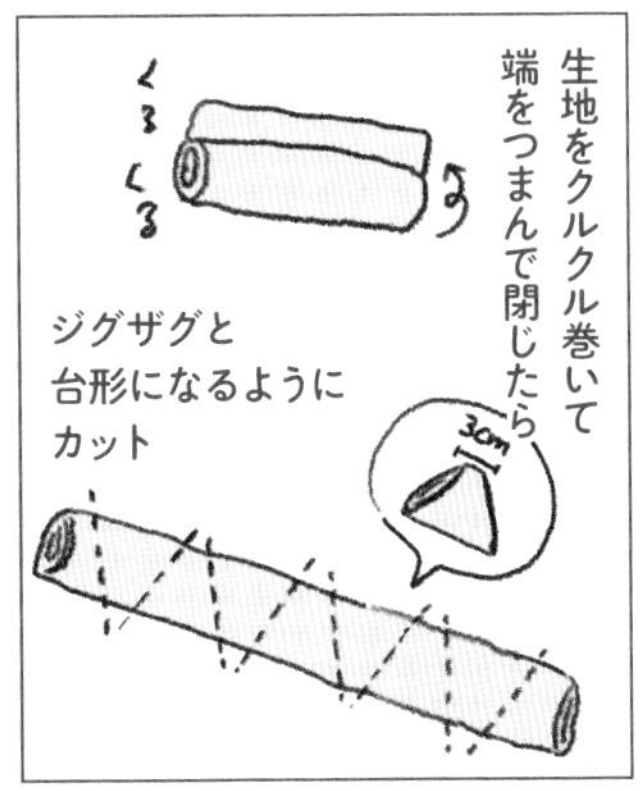
生地をクルクル巻いて
端をつまんで閉じたら
くるくる
3cm
ジグザグと
台形になるように
カット

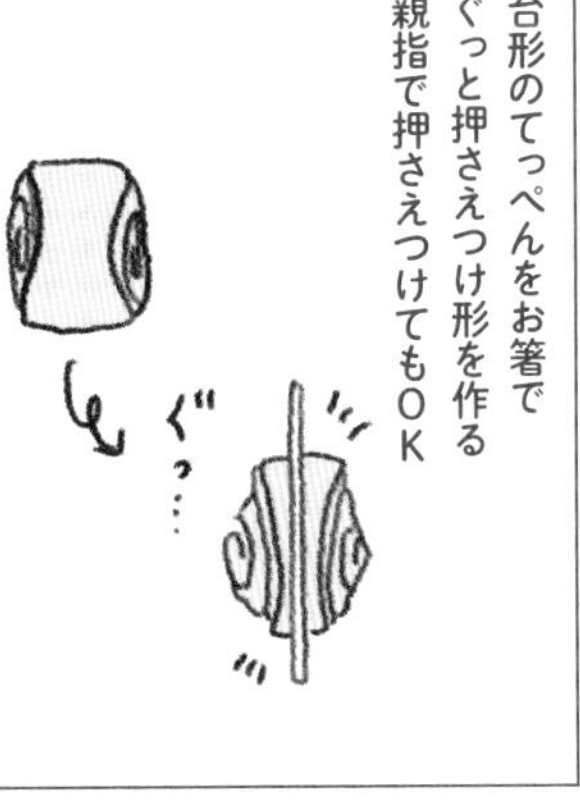
台形のてっぺんをお箸で
ぐっと押さえつけ形を作る
親指で押さえつけてもOK
ぐっ…
やりすぎなくらい押さえても大丈夫

ツヤ出しの卵黄を塗り
ワッフルシュガーをかける
パラリ

200℃に予熱したオーブンで
10～15分焼けば出来上がり！
パンを焼く時に広がる
シナモンとカルダモンの香りが
たまらない…
フィンランドの香りがする…
じぃ…
部屋中がフィンランドの香りに包まれる
幸せなクッキングタイムだ

フィンランド人の生活に馴染むコーヒーがある

コーヒー好きのフィンランド人に愛される
Kaffa Roastery（カッファ ロースタリー）
ここはカフェの併設された焙煎所だ

こだわりのコーヒー豆を焙煎・販売していて
コーヒーにうるさいフィンランド人の友人も
大体ここのコーヒーを普段使いしている
カッファの豆は
お手頃なのに質がよい
生活に根付いた
コーヒーなんだ

カフェではバリスタのみなさんが丁寧に淹れた
コーヒーを味わうことができる

季節限定や
ここでしか買えない豆も売ってる ↓

フィンランドのコーヒー豆は浅煎りが主流で
すっきりした味わいが特徴

朝も昼も夜もコーヒーを飲むフィンランド人
ここのカフェインレスコーヒーもおすすめだ

フィンランドでは
食後のデザートと一緒に
カッファのデカフェの
コーヒーを飲んだなあ…

18:00以降はデカフェコーヒー

フィンランド人の生活に馴染むカッファの豆を
日本に持ち帰り豆を挽くたびに
フィンランドを思い出すのが私のルーティンだ

フィンランドに行くと必ず買う黄色い缶のスープがある

初めてフィンランドを訪れた時…
フィンランド人の友人と
週末に出かけることになり
今日何する？　という会話から
ナチュナルにピクニックを切り出された
今から雪の森で
ピクニックしない？
するッ！

そして真っ白な森へ
ザク
ザク

コーヒーの淹れ方がワイルド
雪を入れて
焚火の中に
放り込めばいい
ザザッ

えんどう豆のスープ
Hernekeitto（ヘルネケイット）は
缶ごと焚火へオン
直火ッ
パチ
パチ
味濃いけど
うまいんだ〜

そのスープが
とってもおいしくて
ほっこり…
フゥ〜
おいしい…
冷えた体を
芯から温めてくれた

もったりとした
食べ応えのあるスープは
好みでマスタードや
ハムを加えてみてもおいしい
あの時の
味がする〜
ズズ…
フィンランドに行くと
必ず買ってしまうこの黄色い缶は
冬の思い出の味がする

フィンランド料理のすべてが詰まったレストランがある

ヘルシンキの中心地に
純度100%のフィンランド料理を
楽しめるKonstan（コンスタン） Möljä（モルヤ）という
レストランがある
しかもビュッフェ……！
KONSTAN
MÖLJÄ

店内は薄暗く
間接照明が揺らめく
家庭的な雰囲気のお店だ
こぢんまりとした店内は
オープンと同時に
予約客でいっぱいになる
この日は友人が窓辺の席を予約してくれた

日本人のお客さんも多いようで
日本語を話せるスタッフさんが
いることもある
日本語の
メニューも
ありますよ！
MENU

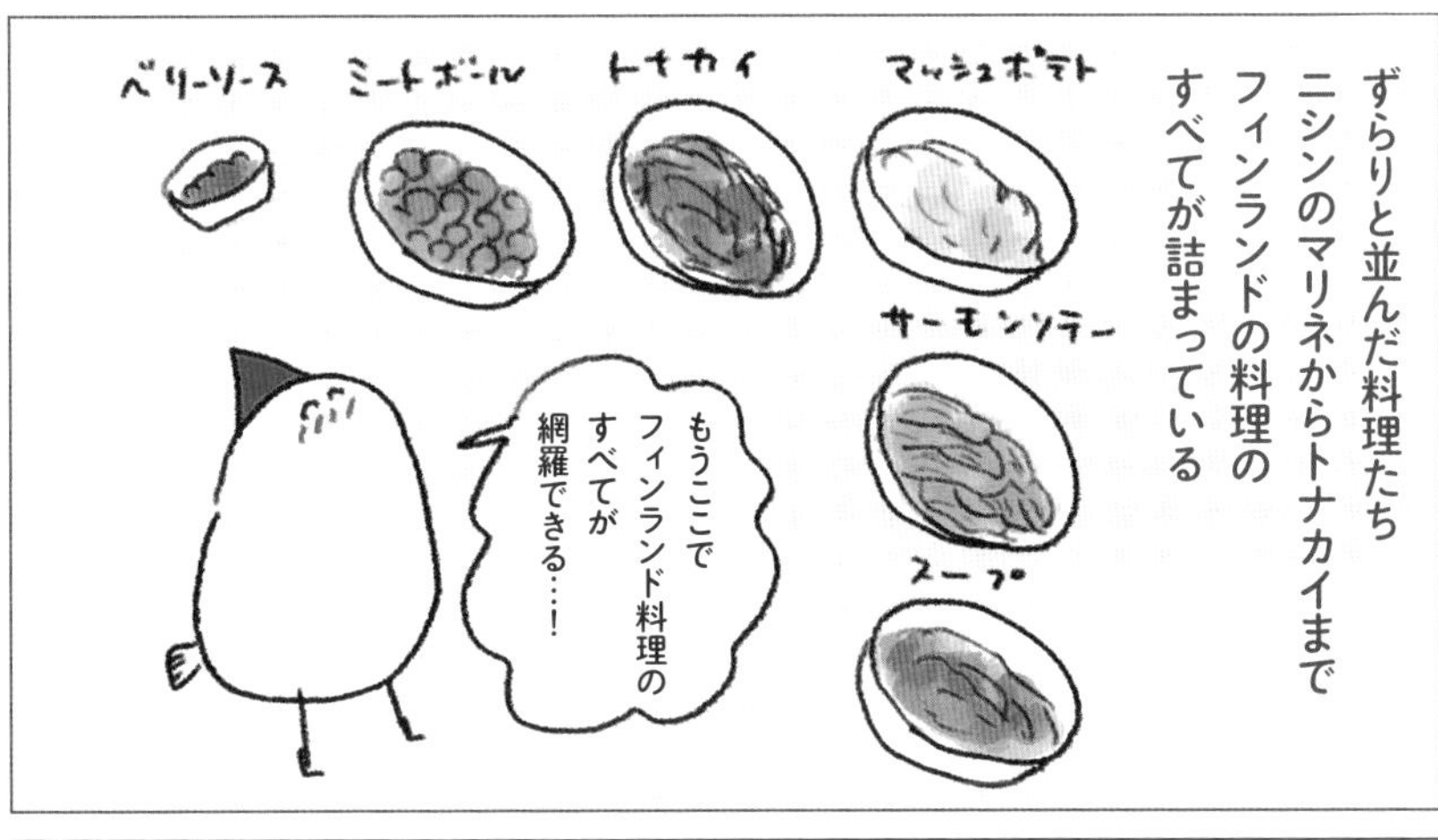
ずらりと並んだ料理たち
ニシンのマリネからトナカイまで
フィンランドの料理の
すべてが詰まっている
マッシュポテト
トナカイ
ミートボール
ベリーソース
サーモンソテー
スープ
もうここで
フィンランド料理の
すべてが
網羅できる…！

フィンランドの伝統料理
カレリアンピーラッカも
ここで食べることができる
現地の人と同じカスタマイズの
準備もバッチリだ
ライ麦粉ベースの
薄い生地
バター入りの
卵ペーストを
のせて食べる！
ライス
プディング
卵ペーストの
用意が嬉しい！

いつか両親とフィンランドに
来ることがあれば
ここに連れて来たいなあ…
トナカイ
おいしい…
短い旅でフィンランドの
すべての食が楽しめるこの小さな店は
いつか大切な人が
フィンランドに来たら
連れて来たい店の1つだ

フィンランド人に愛されるお寿司屋さんがある

私はお寿司が好きだ
会社員として働きながら
寿司職人養成学校に通うほど…
そして週末は
お寿司屋さんで働いている
海外で食べるお寿司は
その国の文化を融合していて楽しい！

フィンランドには寿司ビュッフェのお店が多く
以前入ったお店にも楽しいお寿司がたくさんあった
チョコバナナ
ロールッ！
お寿司の
天ぷらッ
そして意外とおいしいという
新発見もあって面白いッ…！

ヘルシンキで1番おいしいと評判なのが
日本人夫婦が経営する
Sushi wagocoro（スシ ワゴコロ）というお店だ
Kiitos!
サーモンや白身魚など北欧の魚を使ったお寿司
〜うま…
Kiitos!
地元の人に愛されているのが感じられて
店内にいるだけで幸せな気分になった

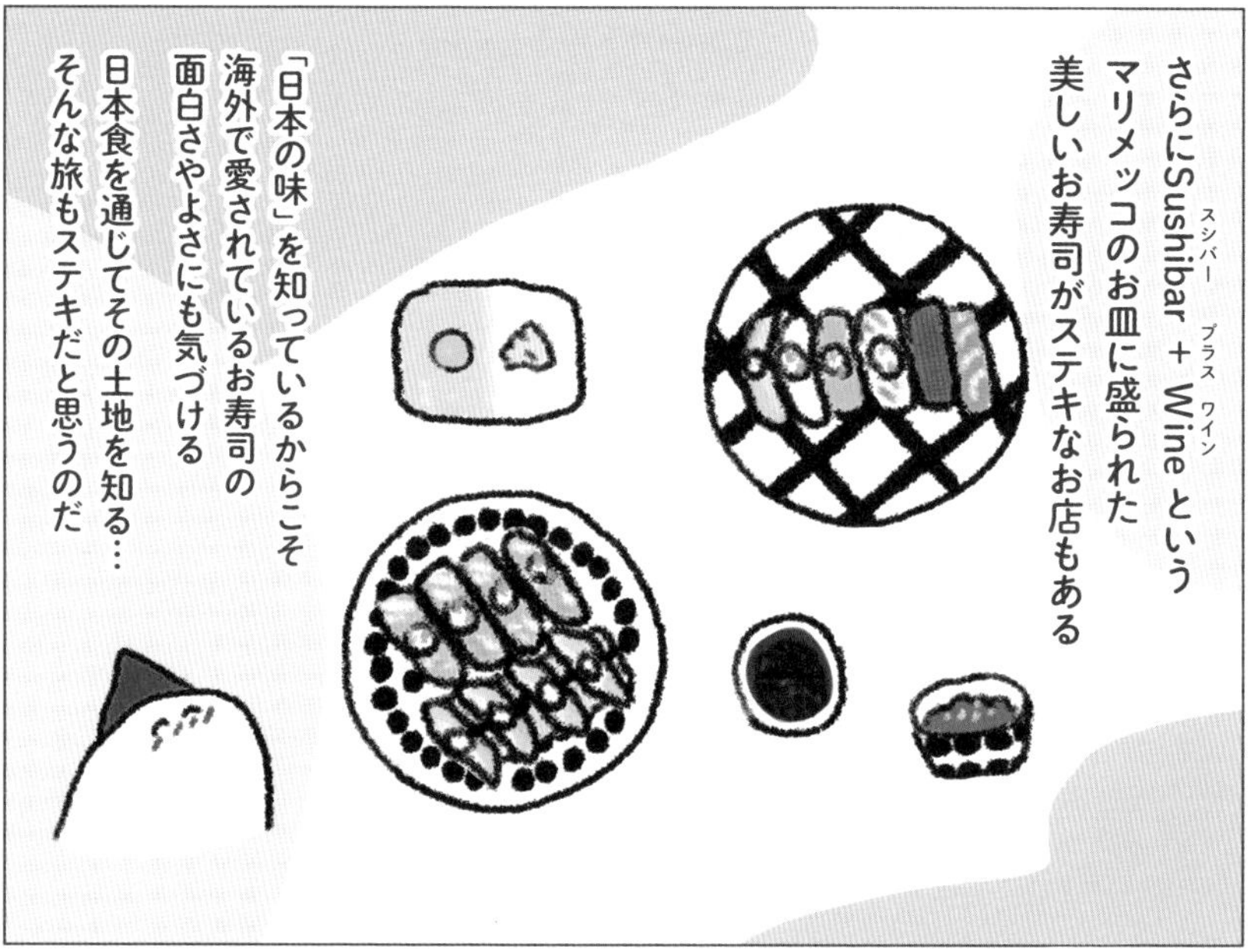

さらにSushibar + Wine（スシバー プラス ワイン）という
マリメッコのお皿に盛られた
美しいお寿司がステキなお店もある

「日本の味」を知っているからこそ
海外で愛されているお寿司の
面白さやよさにも気づける
日本食を通じてその土地を知る…
そんな旅もステキだと思うのだ

ヘルシンキでアジア料理を楽しむ

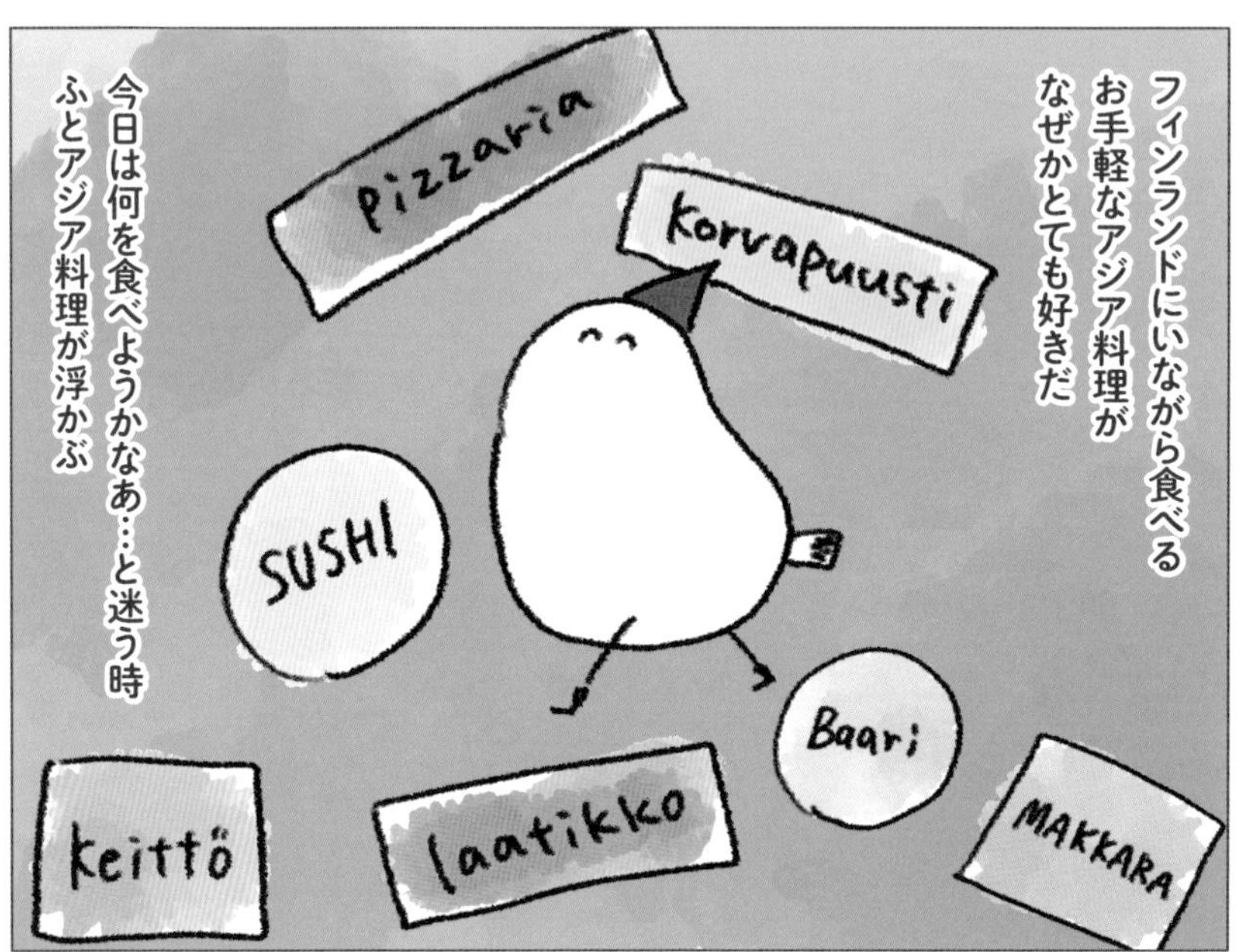
フィンランドにいながら食べる
お手軽なアジア料理が
なぜかとても好きだ
pizzaria
korvapuusti
SUSHI
Baari
MAKKARA
laatikko
keittö
今日は何を食べようかなあ…と迷う時
ふとアジア料理が浮かぶ

中でもKamppi（カンッピ）駅にある
駅ナカフードコート的なエリアは
よく立ち寄ってしまう
SINGAPORE
HOT WOK
ここは1人でもふらりと入りやすいし
いつ訪れても回転率が抜群にいい…

麺セットくださいっ
OK!

Singapore Hot Wokという
お気に入りのシンガポール料理店は
とにかく
ボリュームがすごい
ドリンクもでかい
ドン

現地の人で賑わうチープでおいしいアジア料理
悪い店なわけがない……！
アジアンテイストが体にしみる……！
ハグ
ハグ
たっぷり食べられて幸せ……！
その国にどっぷり浸かるのもいいけれど
心が安らぐ救世主的な店を持つのもいい
〝舌が馴染む店〟があるというのは
なんだか心強いのだった

ヘルシンキの「愛されハンバーガー」を食べる

ヘルシンキには つい食べたくなる
「愛されハンバーガー」がある
★HESBURGER★
HESBURGER★
Makusi mukaan
そのうちの1つ HESBURGER(ヘスバーガー)は
フィンランド発祥のバーガーショップだ

ある時Twitterで知り合った日本人の
フィンランド好きの友人とヘルシンキ中央駅で
待ち合わせてHESBURGERに行った
このイモ感がいいですよね！
具がはみ出ないように紙に巻かれているのも愛おしいです…
確かに…
彼女はHESBURGERが大好きで
一緒に食べるといつもよりおいしく感じた

もう1つの愛されバーガー店は
BLACK GRILL & CAFE（ブラック グリル アンド カフェ）
ヘルシンキ中央駅のロータリーに
大きな黒い移動ワゴンで出店している
BLACK GRILL & CAFE

ここのバーガーは
毎朝新鮮な牛肉を仕入れて
自分たちで挽いているんだ
あ 僕ここの店で
バイトしてたんだ！
バーガーへの
愛が伝わる…！

その食べものを
こよなく愛している人と
一緒に食べると
なんだかいつもの倍
おいしく感じるのだった
おいしい〜

フィンランド人の朝ごはんは優しい味がする

フィンランドの朝ごはんの定番といえば…
プーロ!
プーロは優しい甘さのミルク粥
オートミールやお米で作られる

フィンランド人の友人は
必ずベリーを入れて食べていた
夏に摘んだブルーベリーや
イチゴを冷凍してるんだ
チン
おたべ
わー!
毎朝キッチンいっぱいに
爽やかで甘いベリーの香りが広がるのが
とてもステキだと思った

フィンランドでは
インスタントのオートミール粥が
スーパーで売られていて

Hetki
Elovena
Pikapuuro

定番のシナモン味　ベリー味から
チョコレートラズベリー味
アップルシナモン味まで
いろんな味のプーロを買うことができる

私も日本に買って帰り
フィンランドに思いを馳せながら
朝の時間を楽しむ

シナモン味に
追いシナモンしたり
イチゴや
ブルーベリーを
トッピングする

パパパ

手軽なインスタントプーロは
まるでフィンランドの朝を切り取って
持ち帰るような　楽しい手土産になる

フィンランドのスーパーにあるパンコーナーが好きだ

フィンランドのスーパー
S-market（エスマーケット）に行くと
ずらりと並ぶパンコーナーがある
どれにしようかな～
気分に合わせて
好きなパンを袋に詰めて
買って帰るのが好きだ

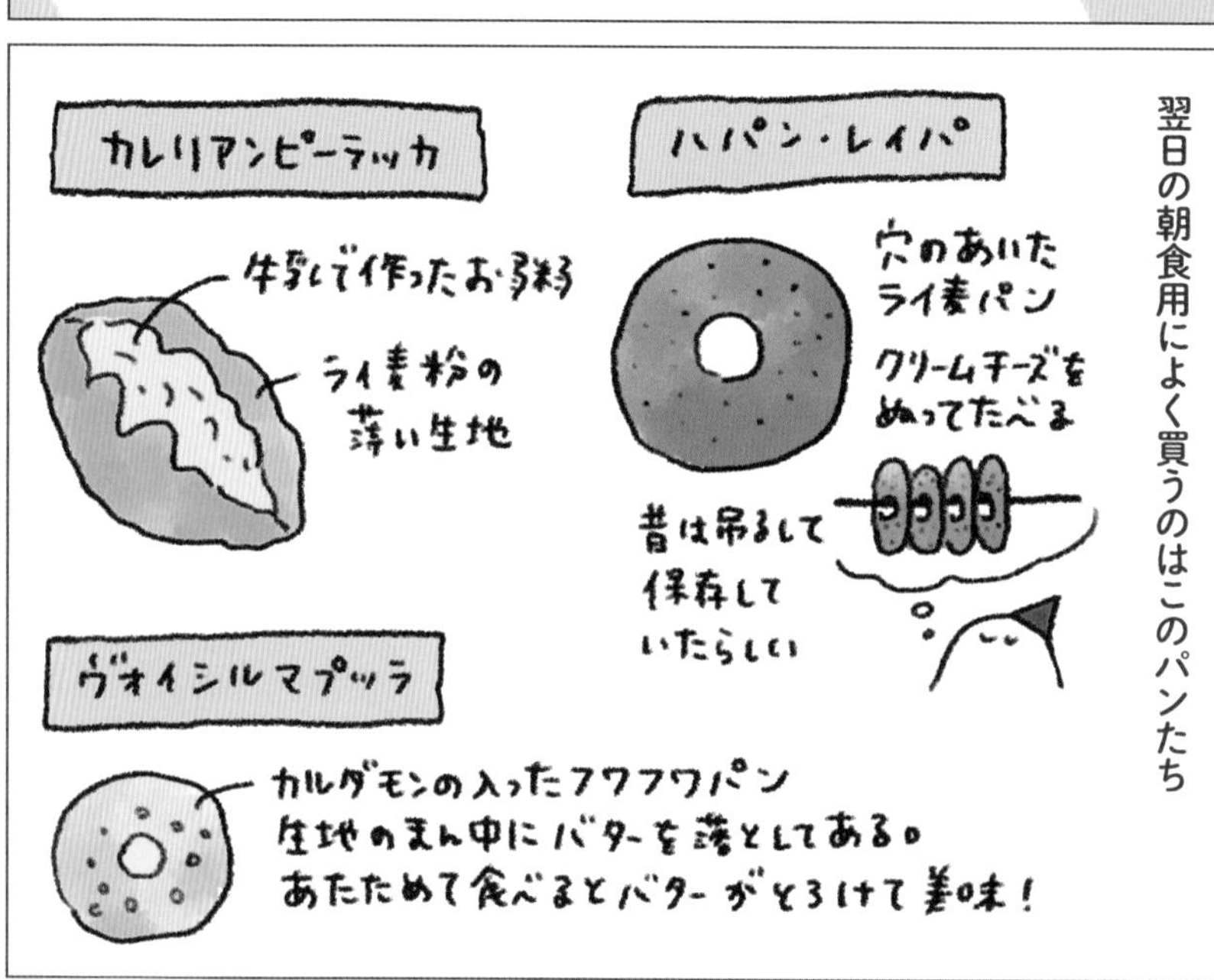
翌日の朝食用によく買うのはこのパンたち
カレリアンピーラッカ
牛乳で作ったお粥
ライ麦粉の薄い生地
ハパン・レイパ
穴のあいたライ麦パン
クリームチーズをぬってたべる
昔は吊るして保存していたらしい
ヴォイシルマプッラ
カルダモンの入ったフワフワパン
生地のまん中にバターを落としてある。
あたためて食べるとバターがとろけて美味！

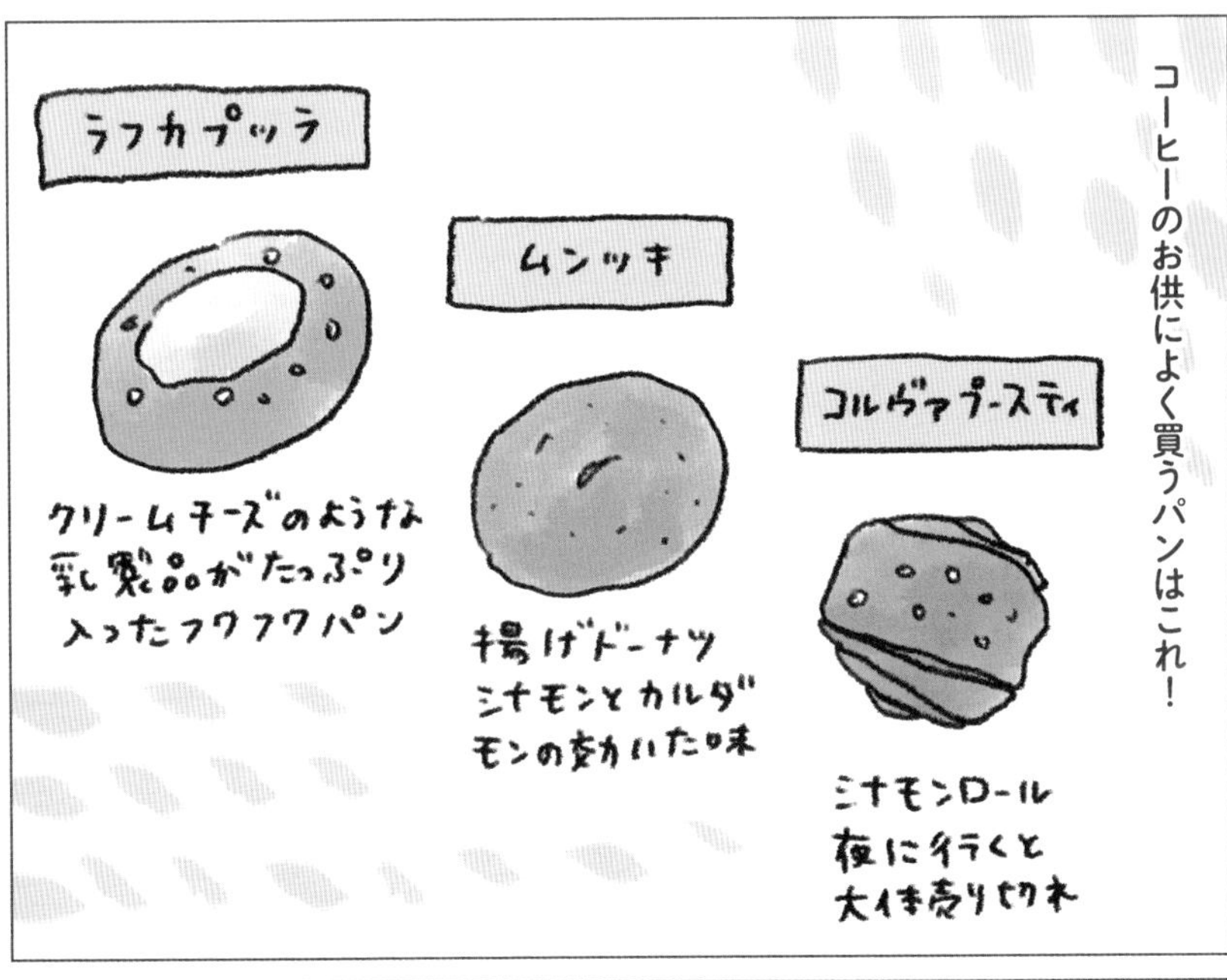
コーヒーのお供によく買うパンはこれ！
ラフカプッラ
クリームチーズのような
乳製品がたっぷり
入ったフワフワパン
ムンッキ
揚げドーナツ
シナモンとカルダ
モンの効いた味
コルヴァプースティ
シナモンロール
夜に行くと
大体売り切れ

おしゃれなパン屋さんで
買うパンもいいけれど
スーパーで現地の人に混ざって選ぶ
何気ない「パンの衝動買い」が
たまらなく好きなのだ
今日は
ラフカプッラ！

ヘルシンキ最古のカフェに惹かれる

街を散策していたところ
たまたま通りかかった
カフェ・ベーカリーEKBERG（エクベリ）
EKBERG
ここはヘルシンキで最も古いカフェで
ムーミンの作家トーベ・ヤンソンも
お気に入りだったお店だ

ショーウィンドウに
並ぶケーキが
あまりにも
おいしそうで…
おいしそ〜っ

思わずくるりと引き返して
お店に入った
…
クルッ
やっぱり入ろうっ

1番気になったのは
ルーネベリタルトという
年明けから2月5日頃まで
よく食べられているケーキ
ラズベリージャム
カルダモンとシナモンが
練り込まれた生地と
ラム酒の香りがステキ…
フィンランドの偉大な詩人
ルーネベリの誕生日にちなみ
この時期にしか食べられない
特別なケーキなのだ…

ルーネベリタルトと…
ドーナツ1つください

タルト1個でも
小さな箱に
丁寧に
入れてくれる
フフフ…

ホテルまで待ちきれず
すぐ隣の公園で食べる
ルーネベリタルトは
どっしりとしていて
食べ応えがあり
ラム酒が効いた大人の味…
美…

そして思いがけない収穫は
レジでついでに買ったドーナツが
驚きのおいしさだったこと…！
えっ!?
おいしっ!!
旅先で感じた直感は
信じてみるのがよさそうだ

フィンランドの夏の定番料理はクセになる味だ

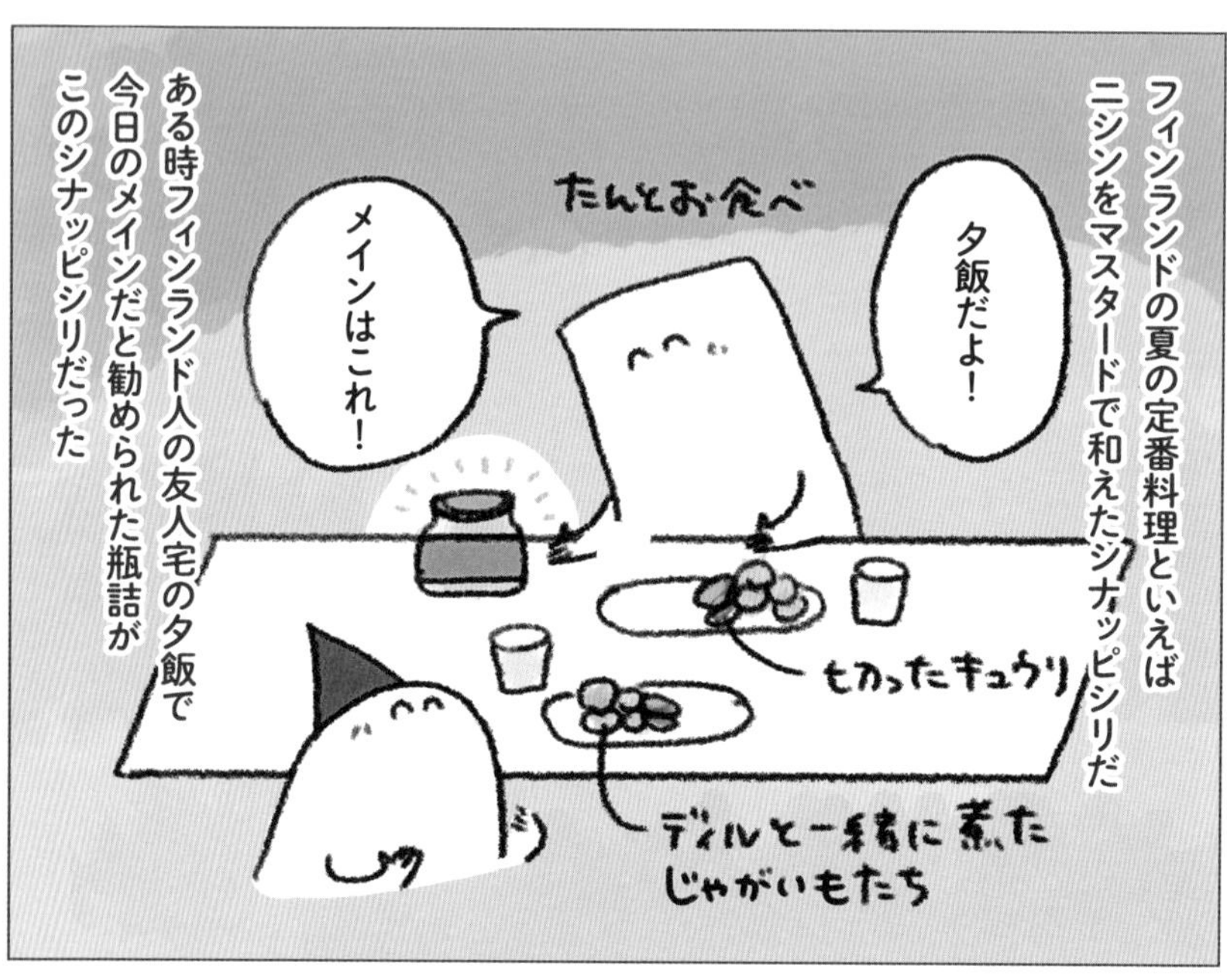
フィンランドの夏の定番料理といえば
ニシンをマスタードで和えたシナッピシリだ
夕飯だよ！
たんとお食べ
メインはこれ！
ある時フィンランド人の友人宅の夕飯で
今日のメインだと勧められた瓶詰が
このシナッピシリだった
切ったキュウリ
ディルと一緒に煮た
じゃがいもたち

ディルの効いた
小ぶりなじゃがいもと
ニシンの酢漬け
まろやかなマスタードの
相性は抜群で…
クッ…
クセになる！

それ以来
私のお気に入りになった
夏の名物だが
スーパーでは年中手に入る
Abba
SINAPPISILLI

さらに日本でも自作できる
ニシンORイワシの酢漬けに
マヨネーズ
マスタード
はちみつ
1:1:1
ディルを加えて完成!

ちなみにフィンランドのホテルの朝食でもニシンの酢漬けは必ずと言っていいほど定番で出されている
朝からニシンはちょっとキツいけどマスタード和えなら食べられる

そしてある日ホテルの朝食ビュッフェにお目見えしたのが…
SALMIAKKI
サルミアッキパウダー入り
サルミアッキ味ッ…!
※サルミアッキはフィンランド名物の世界一まずい飴（詳しくはP.68へ）

日本の味噌にもいろいろな味があるようにその国の定番をいろいろ試してみるのも新しい発見があって楽しいのだった
もぐ…
インタレスティング…
日々冒険…!

現地の空気を感じるせわしない店のビュッフェが好きだ

フィンランド人のランチタイムは短く
30分程で済ませる人も多い
ランチ時間を短くした分
退勤時間も早くなるそうで
ランチには手早く食べられる
ビュッフェが人気だ

ここはヘルシンキ中心地近くにある
ローカルワーカー御用達のお店
Ravintola Factory Aleksi（ラヴィントラ ファクトリー アレクシ）
チーン
お昼時になると人々が吸い込まれるように
小さなエレベーターに乗って5階へ行く

まずはレジで会計を済ませる
ランチビュッフェは
1人10・5€（ユーロ）（約1400円）だ
1人分
お願いします
お手頃！

そして皿に好きな料理を盛る
グルテンフリーや
ヴィーガンメニューも
用意されている
迷うっ
チャッ
チャッ
常連さんは
ビュッフェだろうと
料理を取る手に迷いがない

みんな黙々とランチを食べる
とにかく手短に済ませる
スタイルのお店だ
もく
もく
もく
ゆったりした旅の中でも
現地のワーカーたちに混じって
せわしない空気を感じるのも
なんだかソワソワして楽しいのだ

夏しか出会えないお気に入りのカフェがある

ある冬の日
Sinisen Huvilan Kahvila（シニセン フヴィラン カハヴィラ）という
お気に入りのカフェを目的地に
雪の上を歩いた
シ〜〜ン…
そうか…
テラス席しか無いから
冬はやってないんだ
それから私はこのカフェを
「夏の幻のカフェ」と呼ぶようになった

このカフェと出会ったのは
青空が広がる軽やかな夏の日だった
おばあちゃんの家の裏庭に
イスとテーブルを並べたような
自然体すぎる空間に吸い込まれた

青い小さな小屋に並ぶのは
シナモンロールと
6つのケーキ
説明はフィンランド語なので
安全策のシナモンロールを
選ぶこともできたけれど

コーヒーと…
このケーキください
kiitos

何かはわからなくても
見るからにおいしそうな
クリームのぬられたケーキを
思わず指差して注文した

まだ名の知らぬケーキと
青色のマグにたっぷり注がれた
コーヒーを持って
テラスの好きな席につく

水辺がよく見える
席にしよう…

ケーキを食べて初めて
それがカルダモンの効いた
キャロットケーキだとわかった

大正解!
モグ

夏の幻のカフェでキラキラ光る
水辺を見ながら食べるケーキ
そこには
まるで魔法に包まれているような
ゆったり幸せな時間が流れていた

クリスマスのご馳走 クリスマスハムを作る

フィンランドのクリスマスの
ご馳走といえばクリスマスハム！
多くの家庭で
クリスマスハムを手作りするのが
クリスマスの習慣だ
スーパーやデパ地下
でも買える！

前日からじっくりとハムを仕込んでいく…
僕の家では毎年お父さんが
クリスマスハムを作る担当だったんだ
今は僕も自分で作ることができるよ…
出来上がったハムはクリスマスの日に
家族みんなで食べるのがお決まりだ
じっ…

そして ある年のクリスマス翌日…
日本ではどんな具を
ピラフにするの？
チャーハンだと
卵 ねぎ ハムかな？
ハムッ…！？

早速クリスマスハムを使って調理…
できた…
クリスマスチャーハン
うま…！
サンドイッチから創作料理まで
大きなサイズのハムは
翌日のアレンジも含めて楽しいのだ

地元の人しかいないこの薄暗いカフェが好きだ

ここはヘルシンキ大学駅の地下道の最果てにある
じめっと薄暗い庶民派カフェCafe Cao（カフェ ツァオ）

今日も人は少なく
地元のおじいさんが1人
新聞を広げてゆっくりと
コーヒーを飲んでいる

ここのミートボールが
やけにおいしいのだが
日替わりメニューは気まぐれで
なかなか再会できない
価格は8€（約1000円）で
どの料理も味は濃いめ

熱々に煮立った黒いコーヒーも
サービスでついてくる

このカフェは初めてフィンランドを訪れた時に
現地の友人が教えてくれた
安すぎるッ
Today's me
だろー
お互い大学生でお金がなかったので
安くてボリュームたっぷりな
この薄暗いカフェによく通った

そして大人になった今も
フィンランドに来ると
つい地下道を辿って
訪ねてしまうのだった
ある悲しい気分の日にも
海から歩いてここに来た
大きなミートボールを
頬張った瞬間にふと
涙が溢れてしまった

あぁ外なのにヤバい　油断した…
そう思ったけれどここは最果てのカフェ
涙に気づく人は誰もいない
遠い北のこの国に安心して泣けるカフェがある…
それはとても幸せなことだと思った

ヘルシンキの老舗レストランで過ごす夜もいい

街の大通りに面した
ひときわ存在感を放つ
1867年創業の老舗レストランKappeli（カッペリ）
KAPPELI
かの有名な作曲家シベリウスも愛した店だ

ここではもちろんディナーを
食べるのもいいけれど…
ヘラジカやザリガニまで
フィンランドづくしの前菜
レバーのグリルと
ベリーのジャム

バーとしても利用できるので
気軽に一杯というのも
いつもと違う気分に
なれていい
キラキラ輝く店内で
歴史を感じながら飲む
ビールもまたおいしいのだ
ビールやロンケロもある

深夜のベリースープは体と心を温めてくれる

寒い冬の日の深夜…眠れない私に
フィンランド人の友人が
飲みものを
勧めてきた
ベリーのスープ飲む？
牛乳パックみたいに
スーパーで売ってる
えっ ジュース
じゃなくて？
!?
温かいスープ

こうして出てきたベリーのスープ
アラビアのマグカップに注いで
レンジでチンして出来上がり
そんな気軽さもいい

最初は温かいベリーに
頭が混乱するけれど…
トロっと
してる…
とっても
ベリー…

葛のようなとろみと
甘くて濃いベリーが
じんわりと体を温めていく
眠れない
夜にいいのよ
でしょ
あったまる～…
ズズ…
マグカップで飲む
深夜のベリーのスープは
ほっとできると同時に
ワクワクする味がした

フレッシュな果実や野菜を青空の下で食べる

海沿いの野外マーケットMarket Square(マーケット スクエア)には
今日もみずみずしいベリーたちが並んでいる
これくださいっ!
OK!
いろんな種類を食べたくて
いつも3種類盛られたベリーセットを買う

前を歩くフィンランド人が
パクパク食べているのは
生のサヤエンドウ
パク
パク
みんな夏になると
スナック感覚で食べるらしい
気になるっ

こうして気の向くままに選んだ
マーケットのベリーたちを
ヘルシンキ大聖堂前の
階段で食べる
ベリーは甘酸っぱくて
サヤエンドウは豆の味が
しっかりしていて
どちらもとっても夏に合う
ヘルシンキの街を
見ながら食べる
フレッシュな果実や野菜は
最高のご馳走だと思う

ビールが進む小魚の揚げものが好きだ

Market Square（マーケット スクエア）など
フィンランドの市場に行くと
必ず見かける
〝ムイック〟の文字
ワカサギに似た小魚を
カリッと揚げた
フィンランドの郷土料理だ

この料理　どこで食べても
量がすごいッ
もりっ

これでもか！と盛られた小魚
食べても食べても減らない
まるで魔法のお皿…
ビールに合う

カリッとした皮とフワフワの身
なんだかんだフォークが止まらず
気づけばお皿も空っぽに
カラッ
なんとなくゆっくりしたい
ランチタイムには
ムイックを選ぶ
ちびちび進むムイックは
〝歩幅の合う〟
ステキな料理だと思う

フィンランドのポテトチップスをディップして食べるのが好きだ

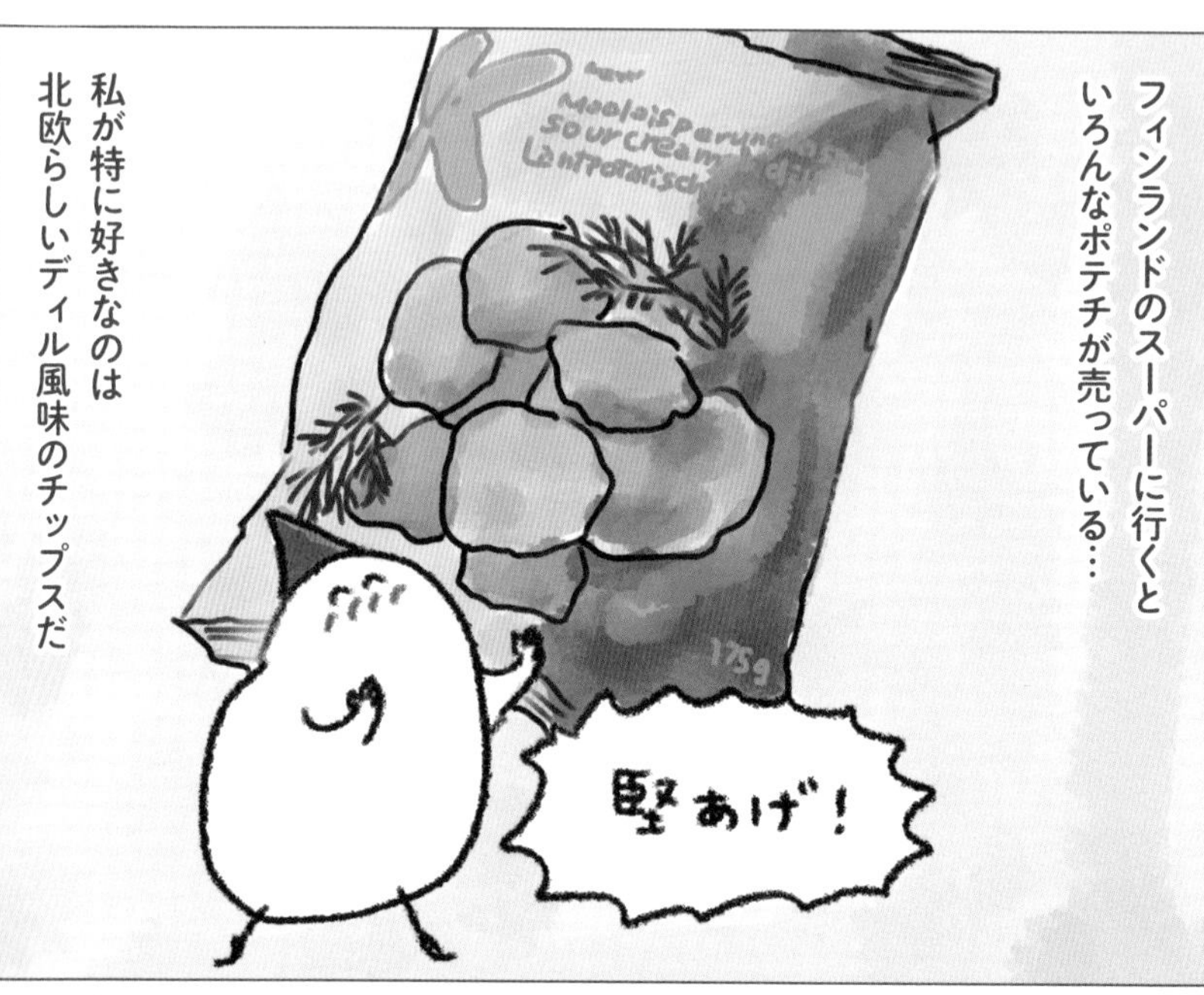
フィンランドのスーパーに行くと
いろんなポテチが売っている…
私が特に好きなのは
北欧らしいディル風味のチップスだ
堅あげ!

さらにチップス売り場には
ディップ用の小袋もたくさん種類がある
中でもイチオシは
TAFFELのDIPPIシリーズ!
ヨーグルトとまぜて作る
TAFFEL
THE ORIGINAL SNACKS
DIPPI
RANCH
止まらない…
お土産にも
おすすめ!
いろんな組み合わせを試して
自分だけの特別なポテチを見つけるのも
旅の楽しみだったりする

アイスマニアが溺愛するアイスがある

オレンジのカップが目印の
3（コルメン） Kaverin（カヴェリン） Jäätelö（ヤエテロ）（3人の友達）
という名のアイス
「3人の友達」
\\ 3 Kaverin Jäätelö //
私がフィンランドで一番
おいしいと思うカップアイスだ

アイスマニアの友人が
溺愛していたアイスで
コーヒーに
最高ッ…
ズ…
おいしいっ
初めて食べた
ピスタチオのアイスは
濃厚度120%！

チョコレート味にはトリュフが入っていて
まるでアイスケーキ…
もうこの
アイスしか
愛せないッ
キュ

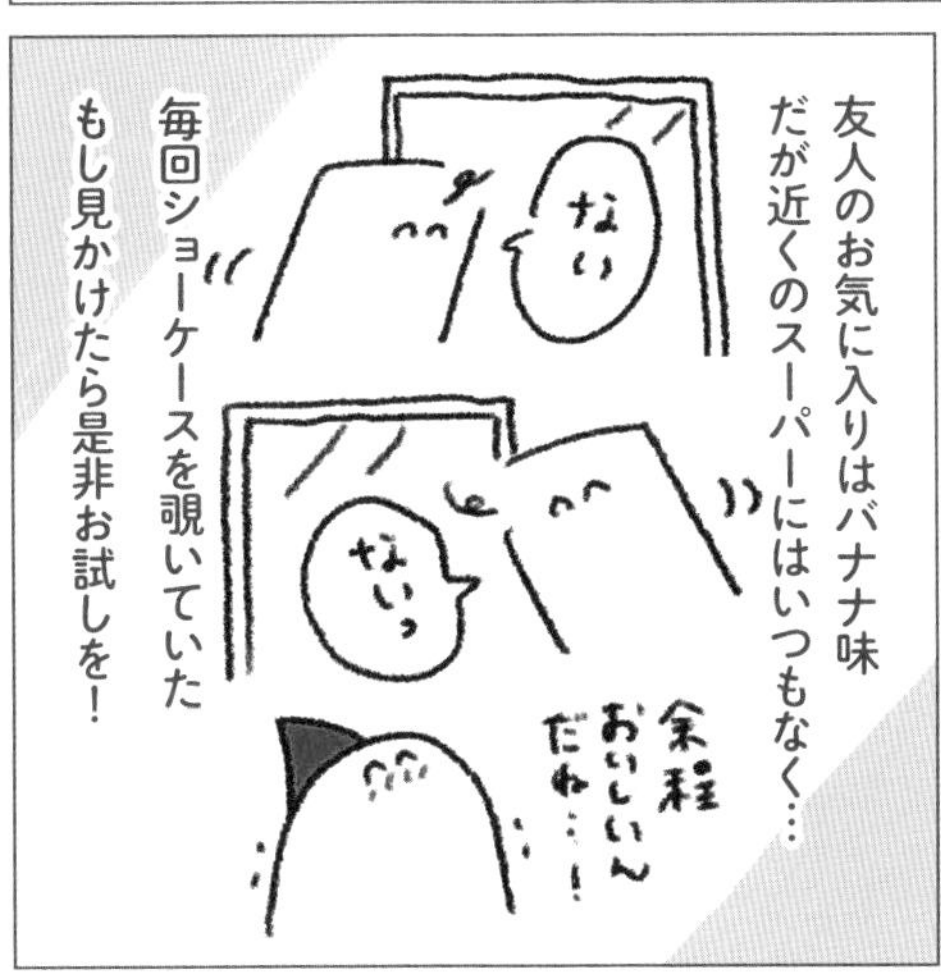
友人のお気に入りはバナナ味
だが近くのスーパーにはいつもなく…
ない
ないっ
余程
おいしいんだね…！
毎回ショーケースを覗いていた
もし見かけたら是非お試しを！

Column 2

フィンランドの定番を自宅で作る

ロンケロのレシピ

フィンランドで一番売れているアルコール、ロンケロ。
ジンをグレープフルーツジュースと炭酸で割った
「フィンランドの酎ハイ」的な存在。サウナの後に好んで飲まれている。

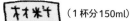

材料 （1杯分150ml）

ジン…30ml
グレープフルーツジュース…60ml
トニックウォーター…60ml
氷…適量

DRY GIN
TONIC WATER

作り方

ジン：グレープフルーツジュース：トニックウォーターを
1：2：2で割り、氷の入ったグラスに注ぐだけ！

1：2：2
サウナやお風呂上がりにサイコー!!
hyvää!

ロヒケイットのレシピ

ロヒケイット(Lohikeitto)はフィンランド語で「サーモンスープ」の意味。

サーモンが豊富に獲れる北欧定番の家庭料理。

材料 (2人分)

サーモン(切り身)…1切れ
じゃがいも…1個
にんじん…1/2本
長ねぎ…1/4本
にんにく…1/2かけ
顆粒コンソメ…小さじ1
水…200ml
A 牛乳…150ml
　レモン汁…大さじ1/2
　ディル…1本(乾燥タイプでもOK)
サラダ油…少々
塩こしょう…お好みで

作り方

① にんにくとねぎはみじん切りに、じゃがいもとにんじんは一口大に切る。

▼

② サーモンは皮を剥いで、一口大に切る。

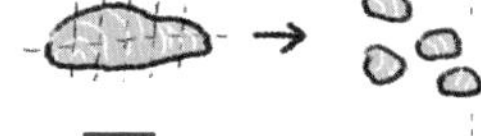

▼

③ 鍋に油を熱し、①のにんにくとねぎを香りが出るまで炒め、じゃがいもとにんじんも加える。

ゴロゴロ

④ 水を入れ、沸騰したら②のサーモンとコンソメを加える。

▼

⑤ 野菜が柔らかくなったらAを加え、沸騰しないようにごく弱火で煮込む。最後に塩こしょうで味を調えて完成！

REGATTA

Croissant

1 愛してやまないシーフードスープ。パンもバジルソースもアイオリソースも、すべてがステキ（P14）。

2 赤い小屋がかわいいカフェ・レガッタ。フィンランドのワクワクが詰まっている（P16）。

3 フィンランドのブルーベリーパイには、とろ～りバニラソースがお供する。

4 かもめも狙う、マーケットのよくばりプレート。“とりあえずコレ”的な、安定の一品（P18）。

5 ロバーツコーヒーの大きなシナモンロール。もさもさした食感も、また愛おしい（P22）。

6 カフェにはケーキやドーナツがずらり。コーヒーだけのつもりが、やっぱり買っちゃう。

Part

2

飲む

幸せだ〜〜
ふぁ〜〜っ

ヘルシンキ中央駅は絶好の1人立ち飲みスポットだ

適度なガヤガヤ感の中
安心して入れる価格と店構え
そんなすべてを
備えた心のオアシス…
フィンランドのターミナル駅
ヘルシンキ中央駅には
いくつか売店がある
飲み屋街が
あるわけではない
甘いマスタードたっぷりの
ジューシーソーセージと
黄金ビール
存在が完璧ッ
まずBBQ店
Aseman Wurstiで
フィンランド名物
巨大グリルソーセージと
カルフビールを注文
Moi
Moi
列車を見ながら
それを豪快に頬張るッ！
はぐっ

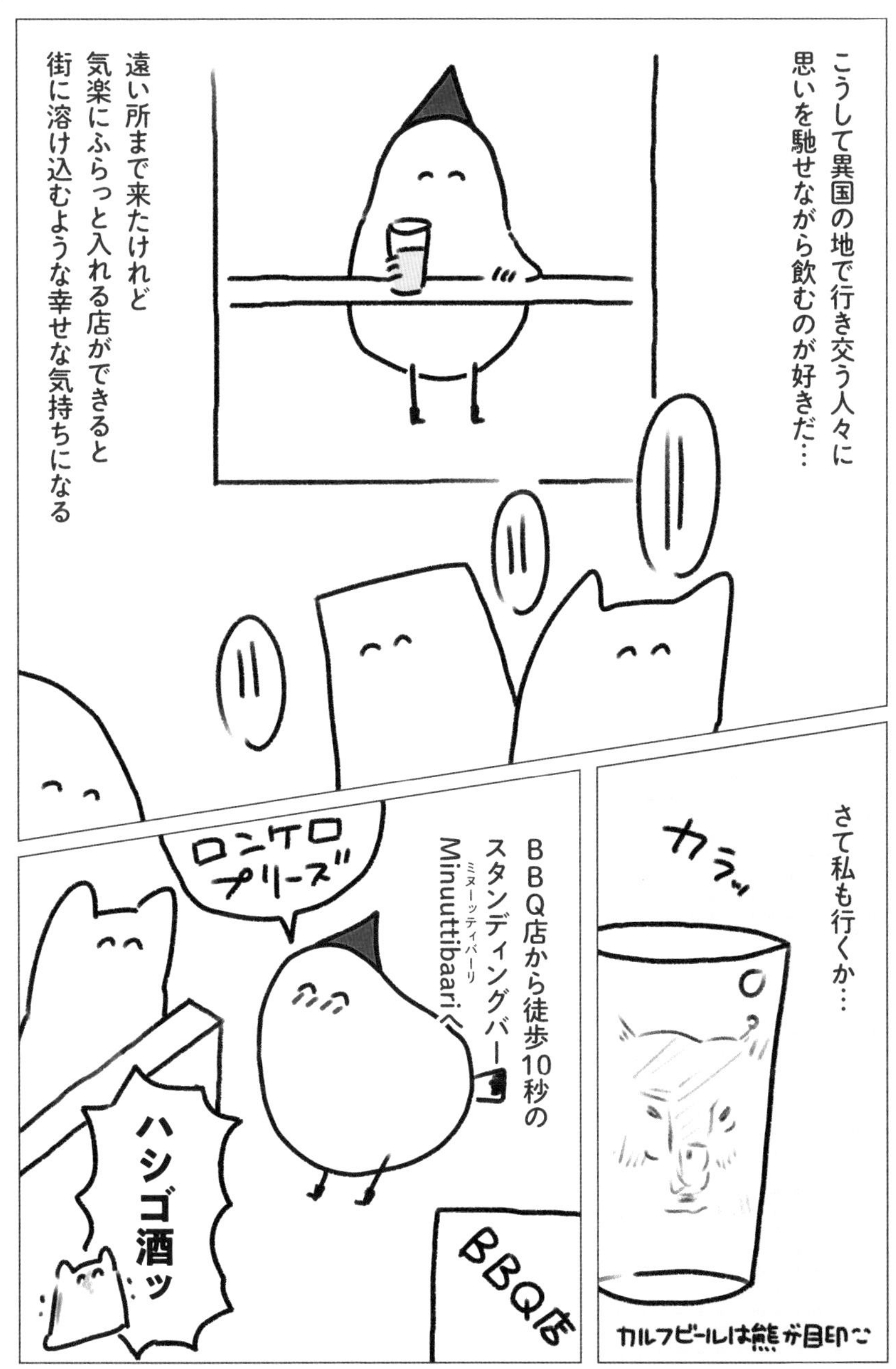
こうして異国の地で行き交う人々に
思いを馳せながら飲むのが好きだ…
遠い所まで来たけれど
気楽にふらっと入れる店ができると
街に溶け込むような幸せな気持ちになる
さて私も行くか…
カラッ
カルフビールは熊が目印
BBQ店から徒歩10秒の
スタンディングバー
Minuuttibaari（ミヌーッティバーリ）へ
ロンケロプリーズ
ハシゴ酒ッ
BBQ店

ブルーベリーをつまみに湖畔で飲むビールは最高だ

スーパーでブルーベリーを買い
湖畔でビールのアテにする
これはフィンランド人の習慣…
というわけではなく
私が勝手に続けてしまう
旅のルーティンだ

さすがベリーの国
ここではブルーベリーが
スーパーで安くパック買いできる
たっぷり！

そしてビールも買う
定番・熊ビールともう1本はパケ買い
初めて見る…
コレにしよう！
長居するので大きいサイズを選びがち

フィンランドには湖がたくさんあり
Töölö（トーロ） Bay（ベイ）など
繁華街から歩いて行ける静かな湖畔もある
モイ

ブルーベリーはツヤツヤで
ムチムチしていてかわいい
いっぱい入っているので長居向きだし
たくさん食べても罪悪感はゼロ！

一粒つまんで口に放り込むと
モチッと弾けて口いっぱいに
甘酸っぱさが広がっていく…
そこに冷えたビールッ！
幸せだ〜〜
ふぁ〜〜っ
こんな至福を感じながら
水面を眺めてぼんやり過ごすのが
夏の密かな楽しみだったりする

飲むと楽しくなるサルミアッキウォッカが好きだ

フィンランドの国民的キャンディ…
漢方にも使われるハーブ・リコリスと
塩化アンモニウムを融合して作る
世界一まずい飴 サルミアッキ
そのサルミアッキを
ウォッカで溶かして生まれるのが
サルミアッキウォッカだ

友人に連れられて来たバーで
初めてサルミアッキウォッカを飲んだ
こっ これがあの
世界一まずい飴から
できたウォッカ…！？
これが意外にも甘めでおいしくて
サルミアッキが苦手な人でも飲みやすい

そしてある日…
カラオケ
行こうー！
いいね！
フィンランドにも
カラオケあるんだー！

まさかのオンステージカラオケだった
歌いなよ！
無理無理
無理ッ…！
※聴くのは楽しい

しかしフィンランドのカラオケバーには必ず
サルミアッキウォッカがある…
おいしー
ね〜
この日もサルミアッキを飲むという
異様な状況に楽しくなってしまい
危険ッ…

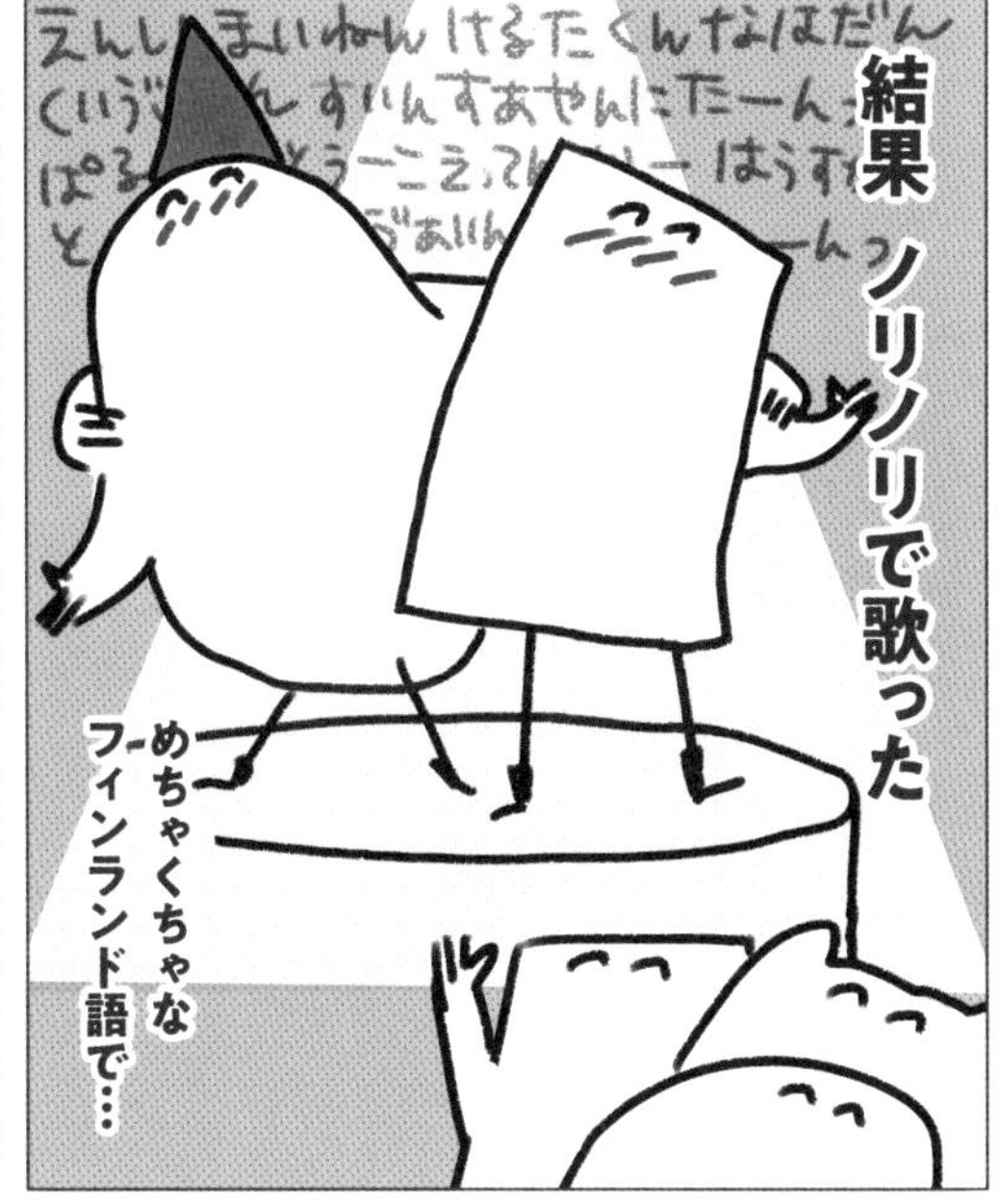
結果 ノリノリで歌った
めちゃくちゃな
フィンランド語で…

案の定 翌朝後悔するけれど
カラオケバーで飲む
サルミアッキウォッカは楽しい
SALMIAKKI
ハズカシイィ

ヘルシンキにある行きつけのクラフトビール店で昼飲みする

今日はたくさん歩いたので…
よし 昼からビールを飲もう！

そんな時にいつも行くのが完璧な佇まいのクラフトビール店…！
お昼空いてる
店内見える
広めでお客もまばら
Ravintola TEERENPELI Bar
ココだ!!

ここRavintola（ラヴィントラ） Teerenpeli（テーレンペリ）を運営する醸造所は私の大好きなクラフトビールも作っている
PAKKAS PAAVO
TALVIOLUT 2019
TEERENPELI
ビールだけじゃなくてウイスキーも作っていてバーでも飲める！

いろんな種類のビールがあるので
その日の気分で注文する
ブルーベリーのビールと
このサンドイッチください
hyvä
飲みくらべ
セットもある

ここのサンドイッチはかなり大きいので
食べるには覚悟が必要だ
デカい..
チーズもたっぷり!!

歩き疲れてカフェでコーヒーもいいけれど
こうして座って
1人ビールを飲むのもいいな…
心地よさに身を任せて
ふと誰かに連絡したくなるような
解放感とまどろみの時間が
昼間のバーには流れていると思う

フィンランドの国民的カクテル　ロンケロを飲む

ロンケロとはグレープフルーツとジンを
ソーダで割ったフィンランドのカクテル
サウナの後によく飲まれている
フィンランドでのアルコール
売上No.1飲料
フィンランドの
酎ハイ的
ポジション！
HARTWALL
ORIGINAL
Long drink

そして旅行中よく私は
鞄にロンケロを1本忍ばせている…
特に夏
飲みたくなる
風景を見つけたら
すぐ飲めるように
※それくらい飲みやすい
チャッ…

そんなロンケロ　缶で飲むのは定番だけど
お店で飲む〝生ロンケロ〟も別格においしく
特に好きな場所が2ヶ所ある
HARTWALL
ORIGINAL
Long drink

1つ目はLöyly Helsinki（ロウリュ ヘルシンキ）の
暖炉を囲んで飲むロンケロ
火照った体にしみゆく
爽やかなシュワシュワ…
これこそピースフル…！
ふぁ〜〜〜っ…
パチ…
パチ…

そしてもう1つが
ヘルシンキを一望できる
Hotel Torni（ホテル トルニ）の屋上バーAteljee Bar（アテリエ バー）で飲む
自家製ロンケロ
手作りで
グレープフルーツが濃くていい
ここは街で一番高い場所
大好きな街の景色をお供に飲むロンケロは
なんだか特別な味がした

フィンランドのアルコール専門店が好きだ

ここはAlko（アルコ）
街中や大きなショッピングモールで見かける
国営のアルコール専門店だ
Alko
フィンランドではアルコール販売に関する規制があり
アルコール度数5・5%以上のお酒は
Alkoでしか買うことができない

ここに来るとフィンランド名物のウォッカも
様々なフレーバーに出会うことができる
クランベリー
ノーマル
ライム
マンゴー
FINLANDIA
FINLANDIA
FINLANDIA
FINLANDIA

みんな大好きサルミアッキウォッカも
ここで買うことができる
SALMIAKKI
VALHALLA
買おう

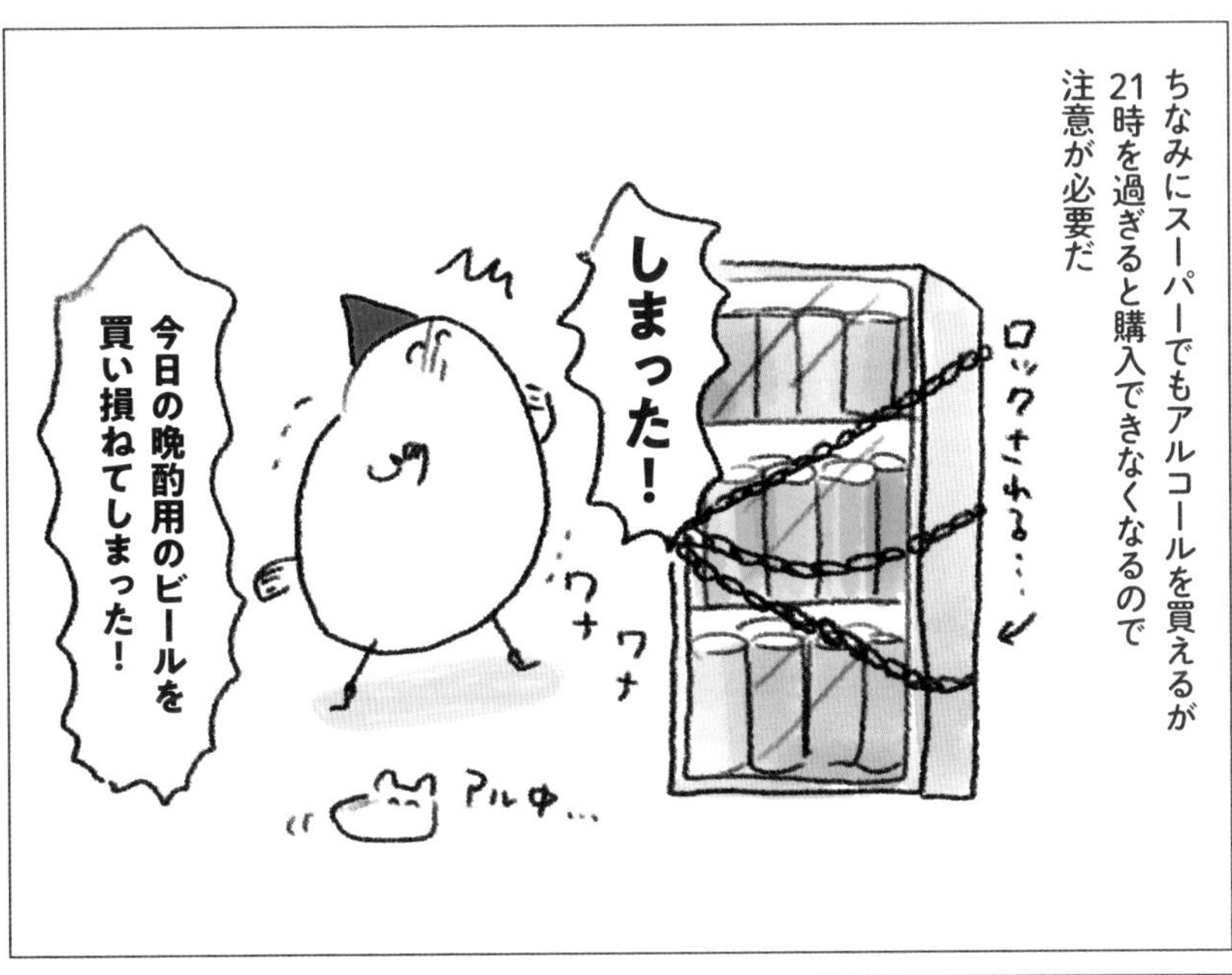
ちなみにスーパーでもアルコールを買えるが
21時を過ぎると購入できなくなるので
注意が必要だ
ロックされる…
しまった！
今日の晩酌用のビールを
買い損ねてしまった！
ワナ
ワナ
アル中…

お酒類は消費税も高いし
持ち歩くのも重いので
お土産用のお酒は空港内の免税店で買う
フィンランドジンで作る
ジントニックが好き
いつも自分用に買う
定番GIN2種
GIN
NAPUE
GIN
HELSINKI
DRY GIN
お土産用には
ミニボトルもある！
ちまっ
サルミアッキウォッカのミニ
ボトルもあるのでおすすめ…ご
お酒なのについつい
〝パケ買い〟したくなってしまうものが多いのも
フィンランドのお酒の楽しい所だと思う

1人でも楽しめるフィンランドのビールフェスティバルが好きだ

夏になるとフィンランド各地で
小さなビールフェスが開かれる
Suuret Oluet-Pienet Panimot（スーレトゥ オルエトゥ ピエネトゥ パニモトゥ）には
30を超える醸造所が集まり
フィンランド中の地ビールが飲める…
そう…ここは…天国ッ…！
SUURET OLUET
PIENET PANIMOT
IL BREW

入場する時にマイカップを買う
いろんな種類をたくさん飲みたいので
小さいサイズのグラスを選ぶッ…！
小さなグラスは
持ち帰ることも
できるよ

鞄にアルコールを入れていると
預かり対象なので気をつけよう…
コレ持ち込み
できないよ
わわッ…ロンケロ…
ごめんなさいっ!!

後は好きなビールを注いでもらうだけ！
しゅわぁ～
うっ…
美しい…

次は何を飲もうか迷ってしまうので
飲んでいるグラスが空になった時
目の前にある店を選ぶのがマイルール
カラッ
ピタリ
よし次はここの
地ビールにしようっ

平日の昼…
この会場では大勢でダンスをする催しもなく
目の前のテーブルには
1人で本を読みながら
ビールを飲む青年もいる
静かな幸せに満たされた会場で
1人フィンランドの地ビールを楽しめる
世界で一番好きなビールフェスだ…
幸せだ…

クリスマスビールの飲み比べは楽しい

フィンランド中が寒くなると
クリスマスビールの季節が始まる
フィンランド人の飲み友達
わあ〜〜！
いっぱいある…！
どれにしよう…
KARHU

全種類買ってきた
クリスマスビール
飲み比べパーティーの
始まり…！

全部飲もう
YES!!
天才ッ！
ガコッ
ガコンッ
2人共すでに酔ってる

POINT ★★★
1本目
ギネスっぽい！
後味ビター
※以降酔っ払いの個人的感想です

POINT ★
2本目
SAIMAA BREWING CO.
トマトジュースッ！

POINT ★★
3本目
JOULUOLUT
水

POINT ★★
4本目
MERRY XMAS IPA
なっ…奈良漬けの味がする…
What's ナラヅケ？

POINT ★★★
5本目
…樹の味
ゴマの味…

POINT ★★★
6本目
Tuomas HÖYRYOLUT
燻製ビール
おいしい

途中話のアテにLOTO
あ LOTO買ってきた！
当たるか削ってみよう～
いいね！ もし大金が
当たったら何する？

POINT
7本目
グレープフルーツ
フルーティだね！
ふぅ〜〜
これで全部だね
おなかがタプタプだぁ
いや
POINT
8本目
ビールっぽい
判断能力の低下ッ…
中国の青島ビール
持ってきたから飲もう
なぜ
POINT
最高得点
9本目
PAKKAS PAAVO
TALVIOLUT 2019
TEERENPELI
おっ…
おいしいッ！
ギネスより
甘めだね
コレが一番好き！
POINT
ラスト
10本目！
青島啤酒
TSINGTAO
BEER
水ッ
海外ビールの飲み比べは
とても楽しい

Buy beer on the shelves at the supermarket and have a party to drink and compare

デパ地下に行くといつも買いすぎる

ビール&サイダー好きにとっての天国が
フィンランド最大のデパート
STOCKMANN(ストックマン)の地下にある
FOOD HERKKU DELIKATESSEN MARKET
BEERS & LEMONADES
アルコール専門店Alkoを超える品揃え!!
すごいっ
ALE
LAGER
STOUT
SIIDERIT
SIIDERIT
SIIDERIT
SIIDERIT

デザインもかわいくて
もはやアートッ!
迷う〜
何味かはわからないけどッ

いつも買いすぎる
カゴ必須!!
プルプル
そのままデパ地下で
チーズやデリを買って
帰って飲み比べるのが
楽しくておすすめ!

Take a walk through the beer and soda section in the basement of the department store

湖畔のカフェで朝から飲むビールは最高だ

あまり大声では言えないが
フィンランドでの密かな楽しみがある…
それは湖畔の朝ビールカフェに行くことだ
KAHVILA
TYYNI
JOKA PÄIVÄ 9-20
JAFFA

といっても私が勝手にそう呼んでいるだけで
本当はのどかな水辺のカフェなのだが…
アイスクリームと…
ビールください
Hyvä！
!?
朝9時オープンのKahvila（カハヴィラ） Tyyni（ティィーニ）では
開店からビールのオーダーができるのだ！

ここのビールは
鶏がトレードマークの
KUKKO一択
朝ビールにぴったりの
淡い味わいをした
フィンランドビールだ
Kukko

フィンランド人も
熊ビール派と
鶏ビール派に
好みがわかれるけど…
私は"朝ニワトリ夜クマタイプ"だな
KUKKO
朝ビール
KARHU
夜ビール
こんなことを考えている
フィンランド人が
いるかは謎だ

平日の朝 フィンランドでも
みんなが仕事に行く中
のんびり朝から1人でビール
ふぁ〜 幸せ…
ちょっといけないことをしているような
くすぐったいワクワクが駆け抜ける
旅ならではの朝の密かな楽しみだ

Column 3

フィンランド人の友達を作る

よく聞かれること…
フィンランド人の友達ってどうやって作るの？
ネットです
えっ！？

日本に住んでいるフィンランド人は1000人以下…
普通に生きてて出会う方が難しいッ

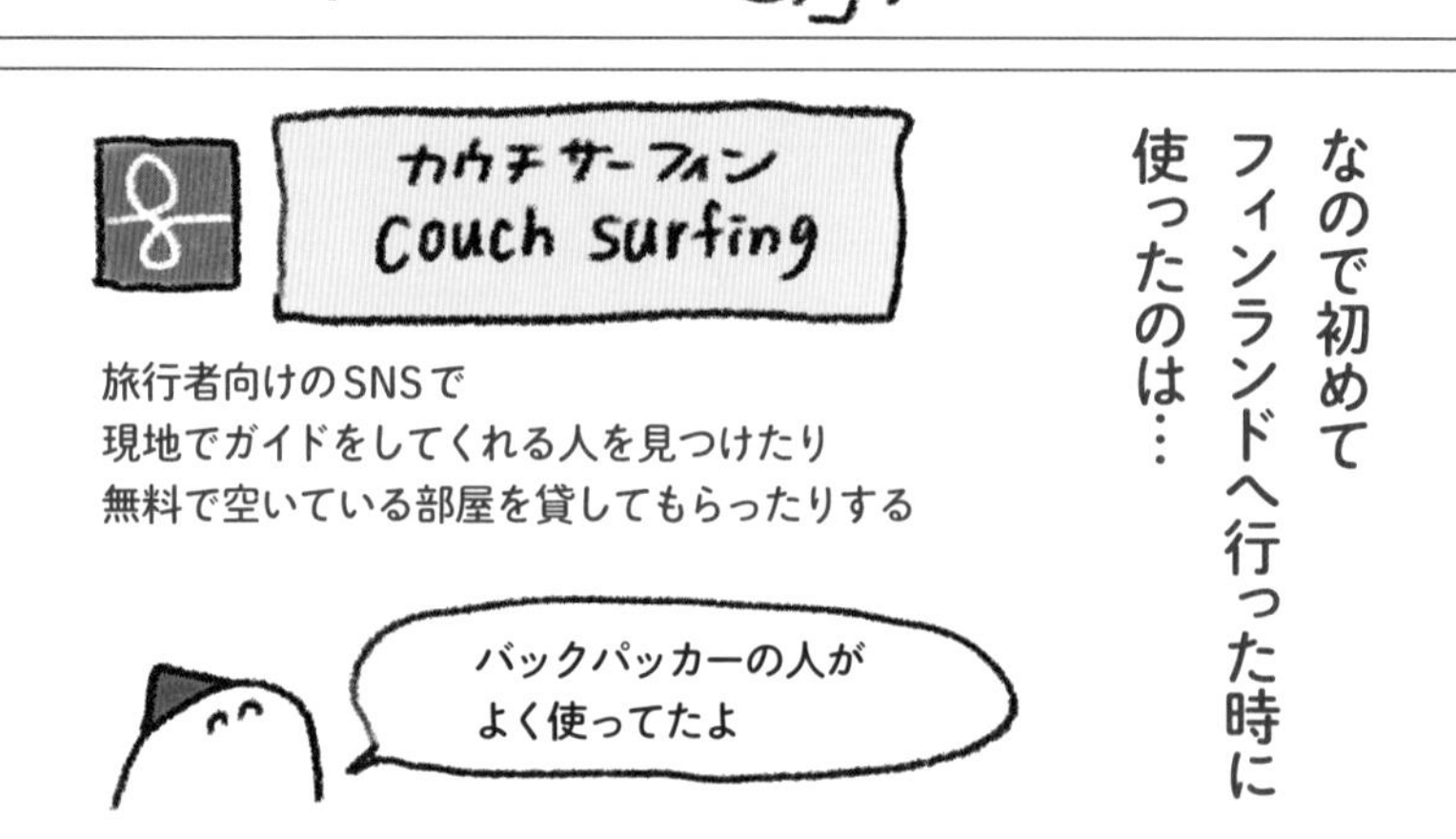
なので初めてフィンランドへ行った時に使ったのは…
カウチサーフィン
Couch surfing
旅行者向けのSNSで
現地でガイドをしてくれる人を見つけたり
無料で空いている部屋を貸してもらったりする
バックパッカーの人がよく使ってたよ

最近だと…

エアービーアンドビー
Airbnb

Airbnbで何度も同じコテージを借りていると
「おかえり！」と迎えてくれる知り合いが
できたりもする…

有料な分　安心感が
あるし使いやすい…

文通友達を作るのに
おすすめなのは…

ハロートーク
Hello talk

言語交換アプリで
日本語を学んでいる外国人と話せるので
共通の話題もあって盛り上がりやすい！
フィンランドだけでなく
世界中の言葉を学べる

ジブリが好き

私も！

こうして出会った人と
10年以上も友情が
続いていたりも
するのだ…

やり取りして
信用できる
人に会おう！

KARHU
KARHU
KARHU
KARHU
4.6
1

2

3

TEERENPELI
4

SAIMAA
5

ORIGINAL

1 熊のロゴが目印の国民的カルフビール。いろんな種類があったので、すべて買ってきた日。

2 ブルーベリーをアテに、湖畔でビールを飲む。ムチムチしたベリーがビールによく合う（P66）。

3 Alkoで漆黒のボトルコーナーを見つけたら、それがサルミアッキウォッカです（P68）。

4 1人飲みできるバーでは、作りたてのクラフトビールを昼間から堪能できる（P70）。

5 クリスマスになると、フィンランド中のブルワリーから限定ビールが出る（P78）。

6 サウナのお供はロンケロで決まり。低アルコールからストロング系まで揃う（P72）。

Part 3

楽しむ

これまだ
日本でやって
ないやつだ！

フィンランドに行く時はできるだけフィンエアーに乗る

フィンランドの航空会社フィンエアーは
日本とフィンランドを直行便で繋いでいる
FINNAIR
節約のためにいろんな航空会社や
ルートを試すこともあるけれど…

行けるならフィンエアー一択！
乗った瞬間からフィンランド感がすごい！
!?
フィンランドの香りがする…
アナウンスがフィン語でかわいい…
高まる幸福度ッ

マリメッコデザインのアメニティも
手にした瞬間から至福感がすごい…
ファブリックやアメニティキット
紙コップ

オリジナルの機内販売も密かな楽しみ
買うッッ
カタログ
FINNAIR
フィンエアーのプラモがかわいい…

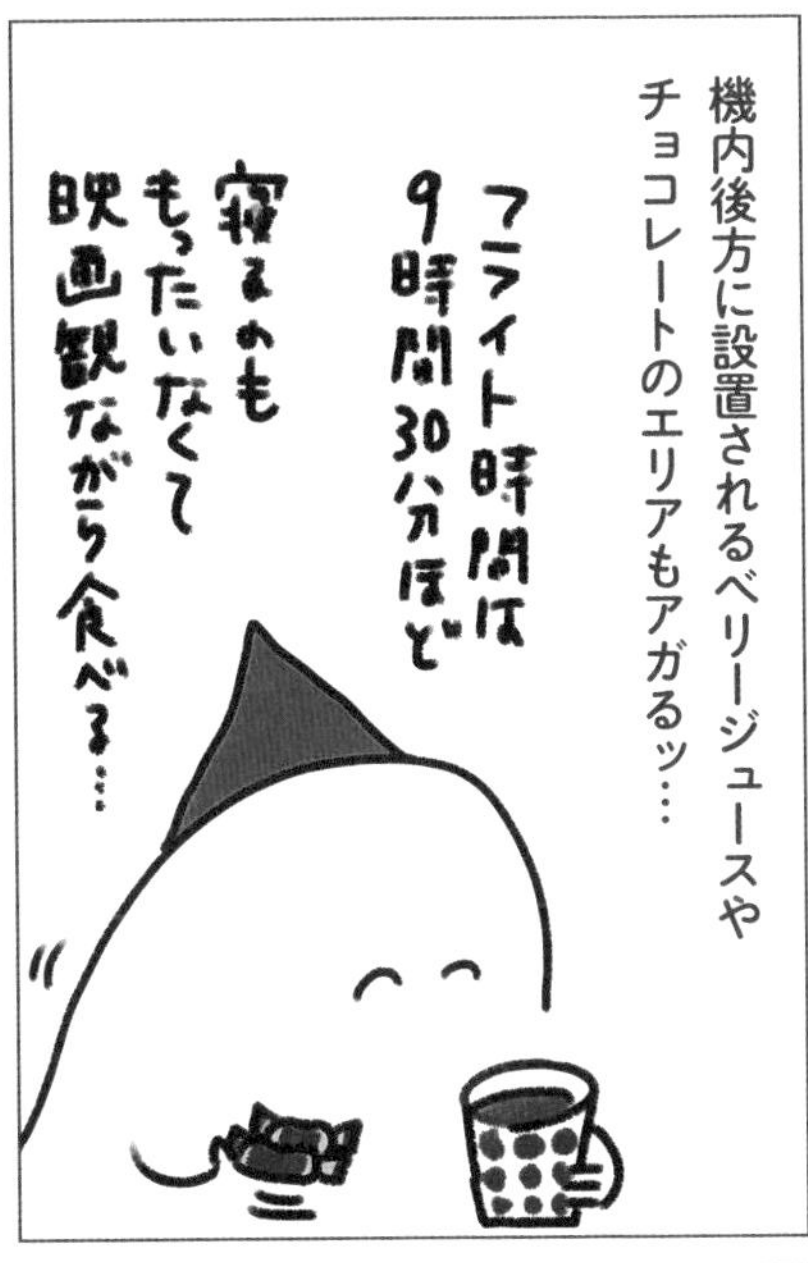
機内後方に設置されるベリージュースやチョコレートのエリアもアガるッ…
フライト時間は9時間30分ほど
寝るのももったいなくて
映画観ながら食べる…

そして何より機内からフィンランドビールが飲めるッ！
KARHU
A
カルフビールプリーズ！

行きはもちろん帰りにも旅の余韻を感じられるフィンエアーが好きだ
飲みおさめ…
ぐびぐび

フィンランドの玄関口 ヘルシンキ中央駅を愛でる

フィンランドの玄関口 ヘルシンキ中央駅
ここに降り立つ瞬間が大好きだ
FLYGPLATSEN
着いた！！
空港から市内まではバスも便利だけど
電車で車窓を眺めながらアナウンスに耳を傾け
中央駅にたどり着くまでの道のりも楽しい

中央駅はフィンランド産の岩で造られた
築１００年を超える個性的な建物だ
VR
行き交う人々の声が
広々としたホールに響き合う
何度も来ているせいか
建物すべてが愛おしい

目に入るものすべてに挨拶したくなるので
大変だ…
駅のキレイなライト…
見ると帰ってきた！
って感じがするっ
みんなも元気
だったんだねー！
駅の中の
お店たち…
BURGER KING
★HESBURGER★
ROBERT'S COFFEE

何年経っても
変わらない売店と
岩と木でできた駅
中央駅に来ると
「帰ってきた」
という
嬉しさが胸に
こみ上げてくる
また来れたんだ…

ただ駅の石像だけは
違う
ロックバンドの
KISSが
ヘルシンキ
公演を
する時には
石像が
フェイス
ペイントを
していた…
コロナの時は
マスクしてた
こんな小さな変化を見つけるのも
なんだか楽しいのだ

ヘルシンキには私のパワースポットがある

ヘルシンキのランドマークといえば
このヘルシンキ大聖堂だ
毎回ヘルシンキに来ると
挨拶するような気持ちで
必ずここを訪ねる
今年も来ました
Moi!

この大聖堂の前の階段には
いつもお世話になっている
ぽけー…
まったりと
コーヒーを飲んだり
買ってきた
ドーナツを食べたり…
屋台で買った
レモネードを飲んだり…
飲み食い
ばっかり！

さらに四季折々のイベントもこの大聖堂前で
よく行われているので覗くと楽しい
かわいらしい
クリスマスマーケット
ニューイヤー
カウントダウンの花火
3€
2€
5€
メーデー（vappu）の時に並ぶ
ママ手作りのお菓子の売店

そしてヘルシンキ大聖堂には
とてつもなく青空が似合う
晴天の大聖堂を見られると
その日1日いいことがある…
あまりの美しさにいつの日からか
そんなジンクスが私の中にはできているのであった
今日はラッキー！
パシャッ！

フィンランドに来ると必ずアパートを借りて過ごす

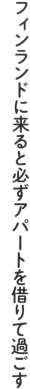

小旅行でも自分の家ができると
新しい生活が始まるような予感がして
ワクワクする
最近ではAirbnbで誰でも簡単に
アパートを借りることができる

何度か日本好きなフィンランド人の友人と
お互いの家を交換したことがある
利害の一致!
ガシイッ
家の鍵は空港の
カウンターに預けた!
私の家の鍵は
ポストに入れてる!
その間友人は私の大阪のアパートに
私は友人のヘルシンキの家に住んだ
リアル映画ホリデイ

アパートを借りると
その国の生活が感じられて楽しい
なぜ…
家のリビングに
ソロサウナがあるの
フィンランド人はサウナ命…
窓が大きくて
日差しが気持ちいい…
何気なくかわいい
普段使いの食器たち

そして何よりその街にそっと
根を下ろしたような気持ちになる
今日のごはんは
何にしようかなァ
馴染みのスーパーができたり
明日の朝食のことを考えたり…
不便なこともあるけれど
「毎日家に帰る」そんな旅が好きだ

フィンランドでしか食べられない朝食を用意する

借りたアパートで
のそのそと朝の準備をして
気ままに作る朝食も大好きだ
コーヒー豆はスーパーで買っちゃう
パウリグ
paulig
カッファ
ロースタリー
kaffa
Roastery
WATSA
KAHWI
コポポ…
まずはスーパーで買ったフィンランドブランドの
コーヒー豆でホットコーヒーを淹れる

そしてハムとキュウリと
チーズを切って用意する
フィンランドでは
大きなかたまりで
チーズが売ってある

忘れてはならないのがクリームチーズ！
スーパーには
棚いっぱいに
いろんなフレーバーが
並んでいる
ガーリックや
リコリスの
フレーバーも…！
Valio
VIOLA
MAUSTAMATON
eila

そしてライ麦パンにのせちゃう！
THEフィンランドの定番モーニング…！
買ったマグもすぐ使う

さらに私が愛してやまないのがRAHKA（ラハカ）というクリームチーズ…
水切りヨーグルト的にそのまま食べる
Valio
MAUSTETTU
Rahka
VANILJA
バニラとストロベリーがおすすめッ!!

これぱかりは日本に持ち帰れないので滞在中の朝食ならではの楽しみ…
もったりしてておいしいッ…！
何気ない手作り朝食メニューにも旅先でしか楽しめない贅沢が詰まっていると思うのだ
RAHKA

フィンランドに行くと湖畔でのんびり過ごしたくなる

今日はキャンプ飯を作るために
湖畔に向かっている
行き先はヘルシンキから1時間弱の
自然たっぷり Nuuksio National Park

リュックには日本から持ち込んだ
お気に入りのキャンプギアたち
ガスは現地で購入
GAS
コーヒーセット

公園に来る前にスーパーで
材料の買い出しも済ませてきた
生サーモン
ソーセージ
卵

あつくしだー
食べよ

そして湖畔の焚火場で調理を開始
つくしと卵
ジャッ
ジャッ
ぐつぐつ
チリチリ
シュッ
シュッ

できた
キャンプ飯…？

こうして1日中湖畔でのんびり過ごしたりする
ほっこり
食後のコーヒー

ただ　すっごい水鳥が集まってくる
ごめん…
ください
ほしい
ソーセージ
ソーセージ

フィンランドに行くと湖畔でのんびり木彫りをして過ごす

ちなみに私は木彫り初心者だ
昨日ヘルシンキのアウトドアショップで
木彫りナイフを見つけて衝動買いし
勢いと憧れだけで
白樺のスプーンを作ろうと
真剣に木材を探しにきた
MUSTALAMPI
ヘルシンキから1時間弱の
Nuuksio(ヌークシオ) National(ナショナル) Park(パーク)には焚火場があり
自由に使える焚火用の白樺の薪が
近くの小屋に積み上げられている
今日はその薪を1本拝借する…
君に決めたっ！

木を割り・・・
ガンッ
ガンッ
ガンッ
木を削る・・・
ゴミ…
ハァ
ハァ
手つきが
コワイッ…

そして出来上がった白樺のスプーン
荒削りで不格好だけど
それでもいい
できたっ

…という1人スナフキンごっこを
よくフィンランドの湖畔でやってます
のんびりー…

フィンランドの海にはひらめきの神様がいると思う

夏になるとSUPで
フィンランドの海に出る

スタート地点は
Hakuna Matata SUP Rental（ハクナ マタタ サップ レンタル）という
ヘルシンキの水辺にある小屋
ここは夏だけ営業する
SUPレンタル屋さんだ

深呼吸をしながら
ただプカプカと海に浮かぶ
FIREFLY

すると　いつもふと
とっておきのアイデアが浮かんでくる

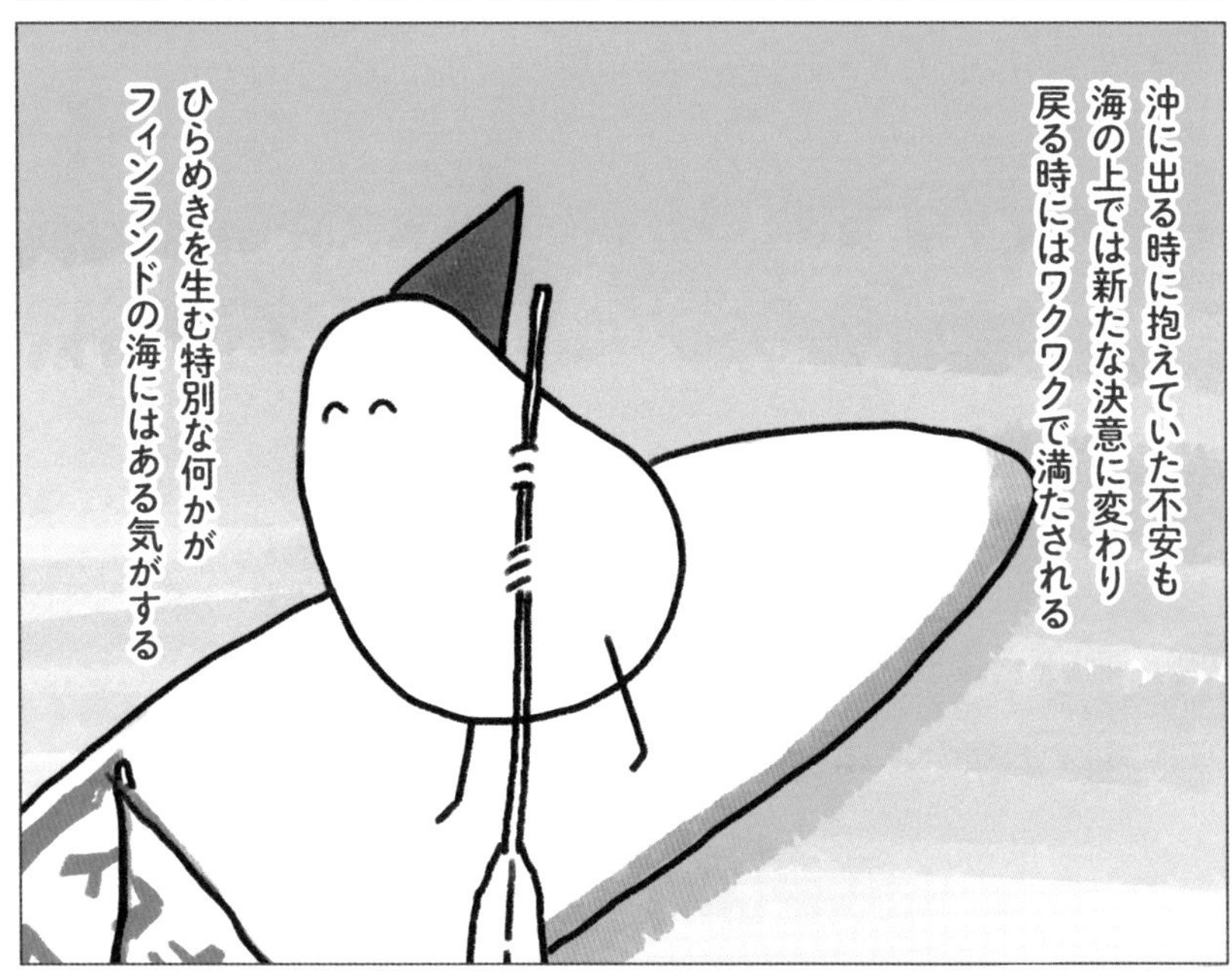
沖に出る時に抱えていた不安も
海の上では新たな決意に変わり
戻る時にはワクワクで満たされる
ひらめきを生む特別な何かが
フィンランドの海にはある気がする

フィンランドでコテージを借りてしばらく1人で過ごすのが好きだ

フィンランド人の多くが
田舎にサマーコテージを持っている
私にもお気に入りのコテージがあり
庭にリスが走り回る水辺のコテージを
節目ごとにAirbnbで借りて過ごす

ここにはコーヒーメーカーや食器まで
必要なものが一通り揃っている
中には薪焚きサウナと小さなキッチン
屋根裏の小さなベッドがあり
1人で過ごすのにちょうどいい

コテージに着いたらまずは近くのスーパーで
数日分の食料を買い込む
それから焚火を起こして
ソーセージを焼き始めるのが初日のルーティンだ

もちろんビールがお供…
焦げ目のついたソーセージがご馳走
買いすぎた…

ここで聞こえるのは魚が跳ねる音と
鳥の鳴き声　そして焚火の音だけ
誰かと旅するのもいいけれど
まるで世界に自分だけのような
こんな時間も大好きだ

湖畔でサンドイッチを食べながら物思いにふけるのが好きだ

フィンランドのコテージで
1人数日間過ごす間…
これから先のことを
ゆったり考えるのがお気に入りだ

湖畔の桟橋にイスを持ってきて
淹れたてのコーヒーを運ぶ
時間はたっぷりある…
景色を見たりコーヒーを飲みながら
気ままに思い浮かんだことを書く

お腹が空いたらサンドイッチを作る
焼いたパンに
スモークサーモンやツナ
エビペーストをのせるだけだ
ISHAVSSA

晴れの日に湖畔で食べるサンドイッチは
最高においしい…
いつもは目先のことで
いっぱいになってしまうけれど
ここはもっと長い時間のことを考えるのに
ぴったりの場所だと思う

薪ストーブサウナとの暮らしは最高の自由をもたらす…

コテージでフィンランド人の友人とビールを飲んでいると…
お腹すいた
ソーセージあるよ
いいね〜〜〜！

サウナでソーセージを焼き始め…
SAUNA
チリ
チリ

サウナストーンにビールをかけ始めた
じゅわわわわわ〜
※サウナの主に事前許可を取ろう！

これが
ビールロウリュだ
パンの
香りがする…
モク
モク

よーっし!!
行くぜ!
やっぱり
行くのか…

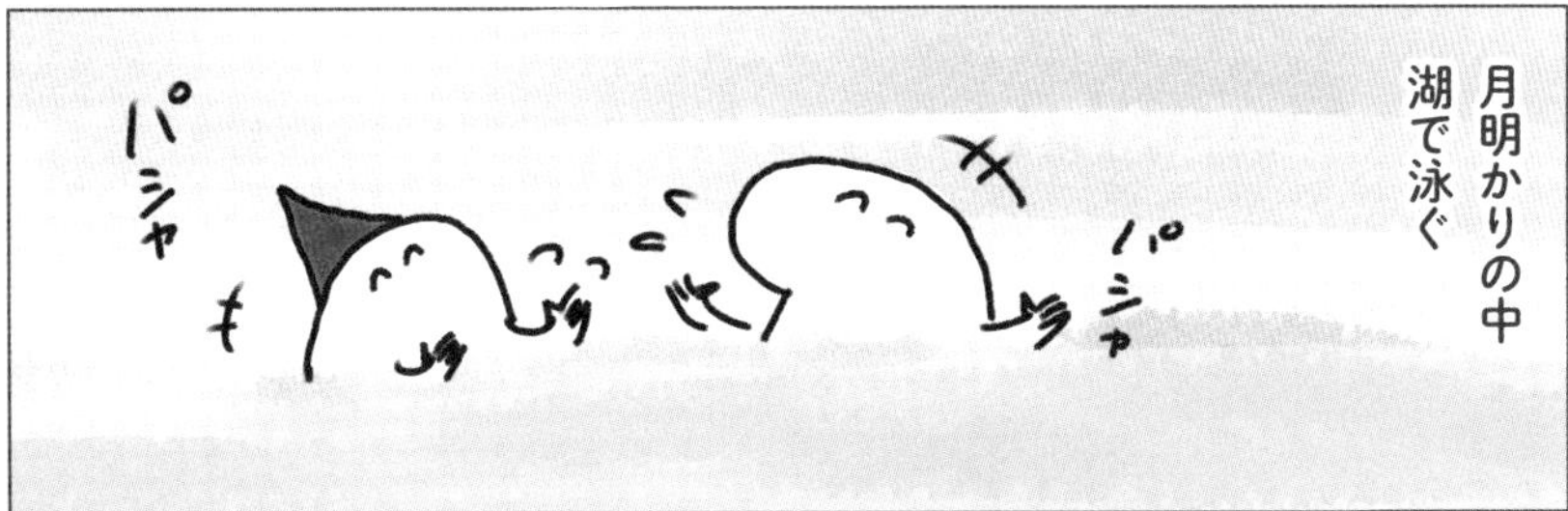
月明かりの中
湖で泳ぐ
パシャ
パシャ

そして
濡れた髪のまま頂く
出来たての
サウナ焼きソーセージと
ビール…
だねぇ…
はあ~~…
大人って楽しいねえ
自由の極みがここにはあった

サウナに入ってから真冬の凍った湖に飛び込む

フィンランドはサウナ発祥の地だ
狂気に思える湖への飛び込み行為も
多くのフィンランド人にとっては当たり前の習慣
イエーイ
初めてフィンランドを訪れた時
絶対に自分も飛び込もうと決めていた
意味不明ッ

当時はヘルシンキ市内に飛び込めるサウナ場がなく
バスに乗って森の奥にあるサウナCafe Kuusijärvi(カフェ クーシャルヴィ)まで来た
シーーン…
VANTAAN ULKO
本当にこの場所にあるのだろうか…
カフェの中に受付があった

男女別のモクモクのサウナに全裸で入る
いるのは現地の人がほとんどで
熱さも容赦無い
アキイイイッ
もし「拷問だ」と言われて
ここに入れられていたら
あまりの熱さに絶対
パニック死してた…
ジュワアアア〜〜ッ
かけるよ

作法がわからずオロオロする私を見て
お隣の優しいご婦人が声を掛けてくれた
あなた日本人？
はいッ
あらあら！ じゃあ
一緒に飛び込みに
行きましょうか
はっ はいッ！

急いで水着を着てマイナス20℃の中
雪の上を裸足で駆ける！
ここから入るのよ〜
ふぁいっっ
体が熱々で
全然寒くない！

5秒で限界ッ…！
スイスイ
ギャ〜
がんばれ〜
地元のおじさま

けれど湖から出ると
寒さを全く感じなくなり
まるで体が空気のように軽くなる
とってもピースフルな
気持ちになるでしょう？
はい…！
だから私
毎日ここに来るのよ

この後
3往復した

こっ…
これが
ピースフル…！

フィンランドの映画館に行くのが好きだ

海外の映画館が好きだ
フィンランドでは
Finnkino Tennispalatsi(フィンキノ テンニスパラツィ)によく行く
FINNKINO
FINNKINO

フィンランドの映画を
言葉もわからないまま
ただ観てみるのもいいし
日本未公開の映画を
いち早く観るのもいい
これまだ
日本でやって
ないやつだ！

ポップコーンの陳列が
コンビニみたいで
面白い…

そして売店で買う映画のお供も楽しい
かわいいキャンディが
いっぱいあるッ…！

上映中のリアクションや
エンドロールの在席率にも
その国の空気を感じる
異国の映画館はまるで
さらに遠い国に旅するみたいだ

映画『かもめ食堂』のロケ地にもなったブックカフェで過ごす

ここは中心地にあるAkateeminen Kirjakauppa…（アカテーミネン キルヤカウッパ）
フィンランド最大の本屋さんだ
AKATEEMINEN KIRJAKAUPPA
クリスマスの時期も年末年始も
休みなく駆け込めるオアシス的存在…

フィンランドを訪れるたびに
ムーミンのフィンランド語版の本や
現地の料理本を買うのが楽しみ
52
SOPPOR

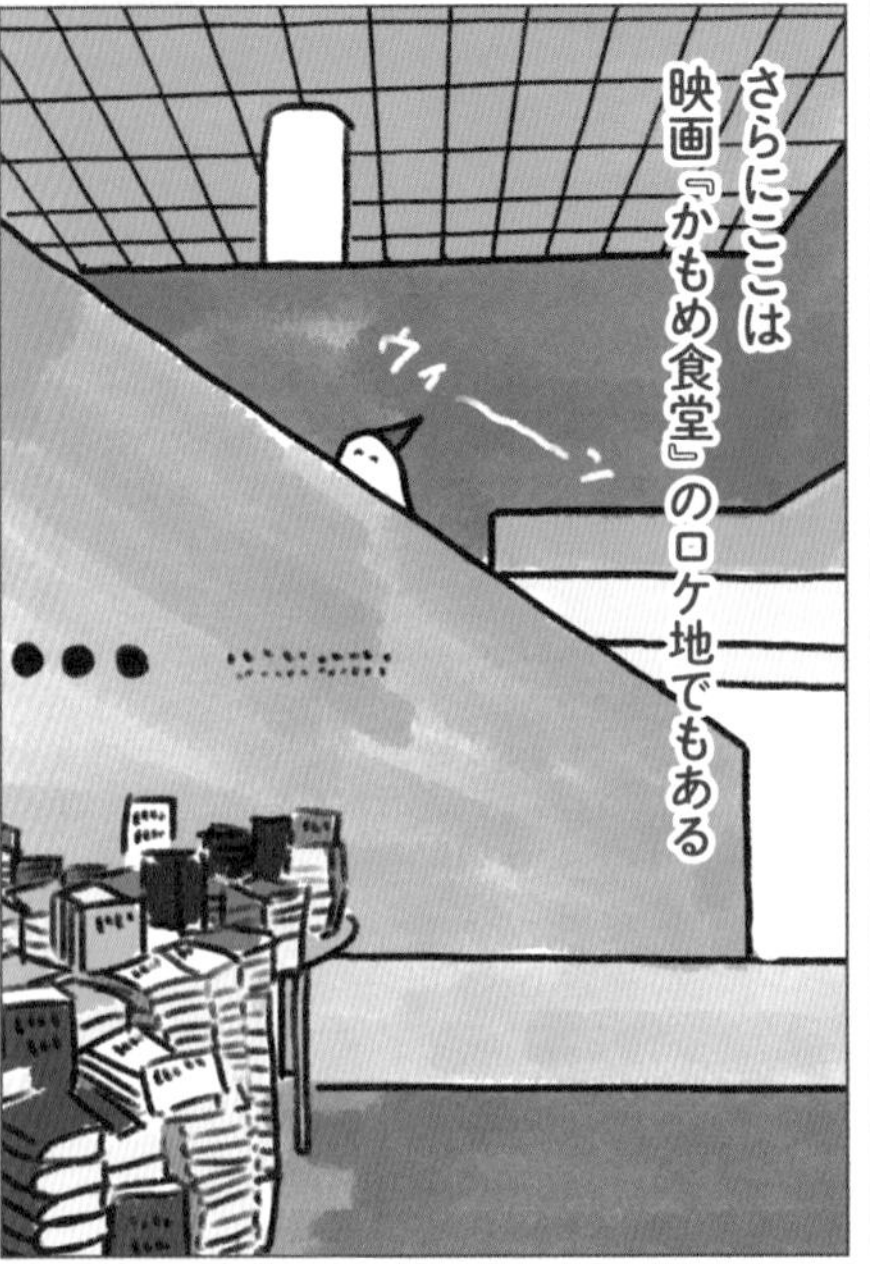
さらにここは
映画『かもめ食堂』のロケ地でもある
ウィーーン

2階にあるCafé Aalto（カフェ・アアルト）…
映画の中では主人公の日本人2人が
このカフェで出会う
CAFE AALTO

私はここのカプチーノと
ブルーベリーパイが大好きだ…
ブル…ブル…
CAFE AALTO

カプチーノを飲みながら
映画のワンシーンを思い出しつつ
本屋さんのカフェでのんびり過ごす
AALT
あの人…日本人っぽいなぁ
私と同じご1人旅かな？
そのせいなのか
ここで見かける日本人には
いつも親近感を抱いてしまうのだ

旅先でCDを買って帰るのが好きだ

日本で最後にCDを買ったのは
いつだっただろう…
すっかり買わなくなってしまったCDも
フィンランドに行くと必ず買って帰る

ヘルシンキの街中でもレコードショップは
少なくなったけれど
私がいつも行く路地裏の店
Levykauppa（レヴィカウッパ） Keltainen（ケルタイネン） Jäänsärkijä（イェンツェルキヤ）は
今も営業している
KISS
IRON MAIDEN
モイ
モイ
小さな店内に所狭しと並んだCD…
多分ここのオーナーはメタル好きで
店内にはメタルが流れ
店員さんはいつもメタルTシャツを着ている

お目当てのアーティストの
新アルバムを買う年もあれば

あてもなくジャケ買いを楽しんだり
現地の人におすすめを聞く年もある
普段はこのアーティストを
聴いているんですけど
おすすめはありますか？
じゃあこれおすすめ！

そして帰国後はCDを聴くたびに
その年の旅のことを思い出す…
旅先でCDを買うというのは
まるでその旅のBGMを選ぶような
幸せなルーティンだと思う

旅先からあてもない旅に出るのが好きだ

ある悲しい気分の日
私はヘルシンキ以外の
どこかへ行きたいと思った
どこか
遠くへ行きたい…
すでに遠い国にいるのにッ…

しかし行くあてはない
ないなら
今から作ろう
スチャ…
幸いにも夏の北欧は
イベントが目白押し
ビールフェス
フォークフェス
メタルフェス
コーヒーフェス
奇跡的に翌日の
音楽フェスを発見
好きな歌手が
出演するッ!!

フィンランド国内の移動にはOnnibus（オンニバス）という
長距離バス会社が驚くほど安い
Wi-fi＆コンセント
完備ッ
2時間先の町まで7€で行く

バスに乗る前に
バスターミナルの
小さな売店で
コーヒーを買う
大抵の場合
煮詰まって黒色だ
JUHLA
MOKKA

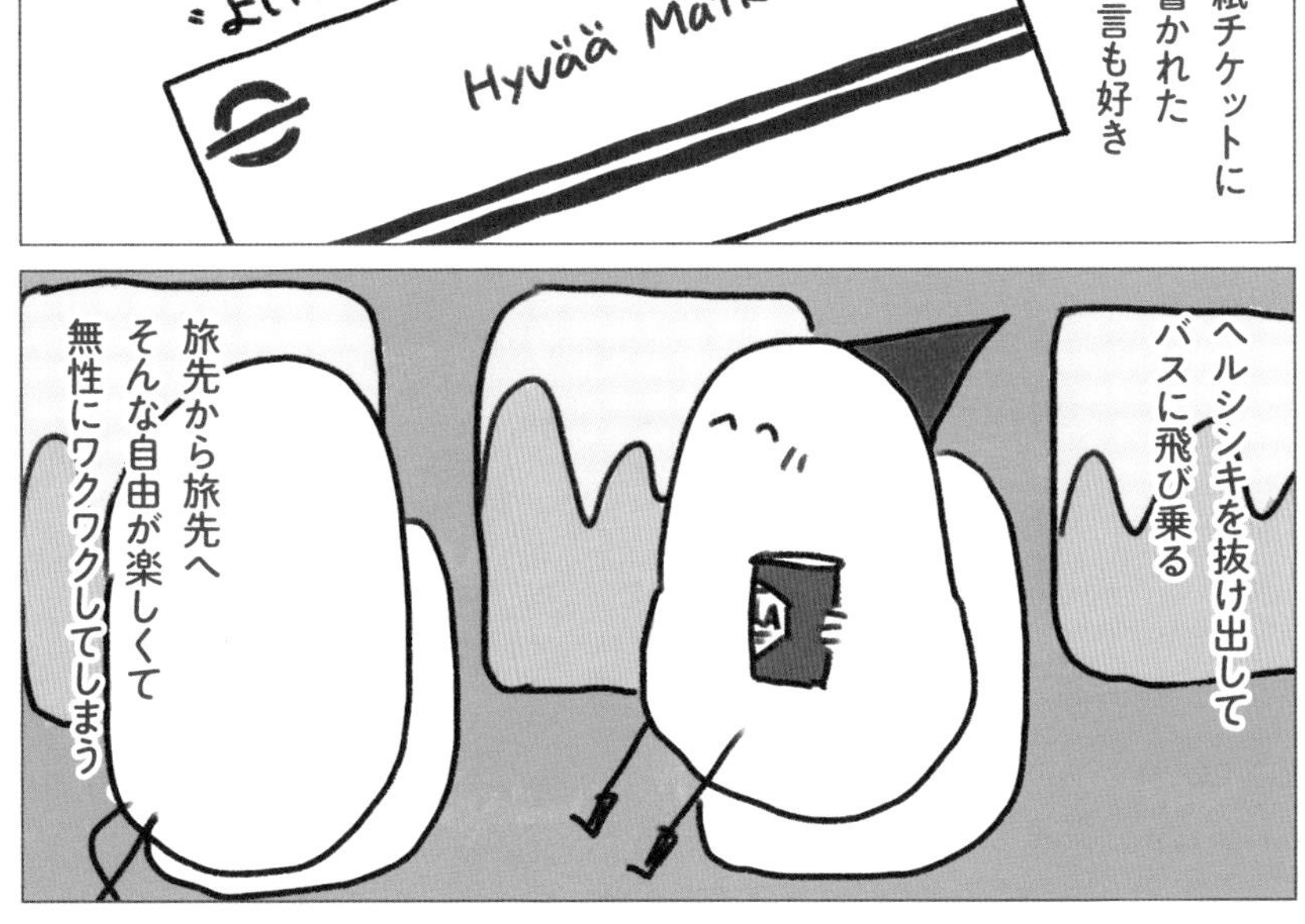
紙チケットに
書かれた
一言も好き
"よい旅を"
Hyvää Matkaa!
ヘルシンキを抜け出して
バスに飛び乗る
旅先から旅先へ
そんな自由が楽しくて
無性にワクワクしてしまう

フィンランドの音楽フェスに行くのが好きだ

衝動的に田舎のフェスに1人やってきた
今日から2日間参加する
見渡す限りアジア人がいない
お目当てのアーティストの登場まで
あと8時間ある…（深夜まで開催している）

よし飲もう！

さらに会場にはフィンランドを感じられる
フェス飯やカクテルブースがある
なぜか
豚の丸焼きの
屋台がある
北欧ジン
トニック
サーモンソテー

音楽好きなおじさまに
ワインをご馳走になる
君よく
飲むね〜！
Kippis!
（カンパイ）
キッピス！

1時間前から
最前列で待機
わく
わく

そしてついに…
開演ッ…!

それはまるで
神様が目の前に
現れたような瞬間だった
ワァァァァ
今までアルバムでしか
聴けなかった声…
YouTubeでしか
見れなかった姿…

うわああッ大好きな曲だ
こんなふうにアレンジ
歌うんだ
しか聴い
新鮮だし
バンド
いい
見れるの幸せす
本当に実在した
感激ッ

そして合唱!
この曲を知っている人が
自分以外にいるうううう

フェス帰りは幸せ度1000%…
音楽は国境を超える
本当に
来てよかった…

フィンランドの長い夜にキャンドルとコーヒーを楽しむのが好きだ

フィンランドの冬は暗い
14時過ぎには日が沈み
長い夜が続いていく…
初めてフィンランドを訪れたのも
そんな夜の長い冬の日だった
暗く寒い冬の夜には
キャンドルを灯してコーヒーを淹れる

フィンランドの多くの家庭で使用されているのが
イッタラのキャンドルホルダーだ
カラフルで厚いガラス越しに
キャンドルの火が揺れる
フィンランドに行くたびに
新しい色を持ち帰ってしまう
iittala
iittala
iittala

クリスマスが近くなるとカゴいっぱいにキャンドルを
詰め込んだ買い物客を至る所で
目にする
何といっても
フィンランドは
キャンドルの消費量が
世界一
日本では見たことのない
たくさんの種類のキャンドルは
見ているだけでも楽しい
屋外用はデカいっ!

フィンランドの冬の過ごし方を知ってから
自宅でもキャンドルを灯すようになった
キャンドルは1つではなく
数種類を灯すのがよい
大きなキャンドルが
ぐにゃりと形を変えていくのも
愛おしい気持ちで楽しんでいる

…ところで
フィンランド人は無口だが
じっと目を見て話す
いや 話すこともなく
ただまっすぐに
目を見られることもある
じっ…
プル
プル
だが
私はどうしても慣れず
耐えきれなくなって
視線をそらしてしまう

けれどそんな時コーヒーがあれば
なんとなく目線を移せるので救われる
フィンランドでは
コーヒーはコミュニケーションツールの
1つなのだ
コーヒー見てる ←
ゆらゆら揺れるキャンドルを見ながら
ゆったりとコーヒーを飲む
冬の時間はとても優しくて
日本でも欠かせないルーティンになった

フィンランドの冬が好きだ

冬にフィンランドを訪れる時は
夏よりもドキドキする
着いたっ！

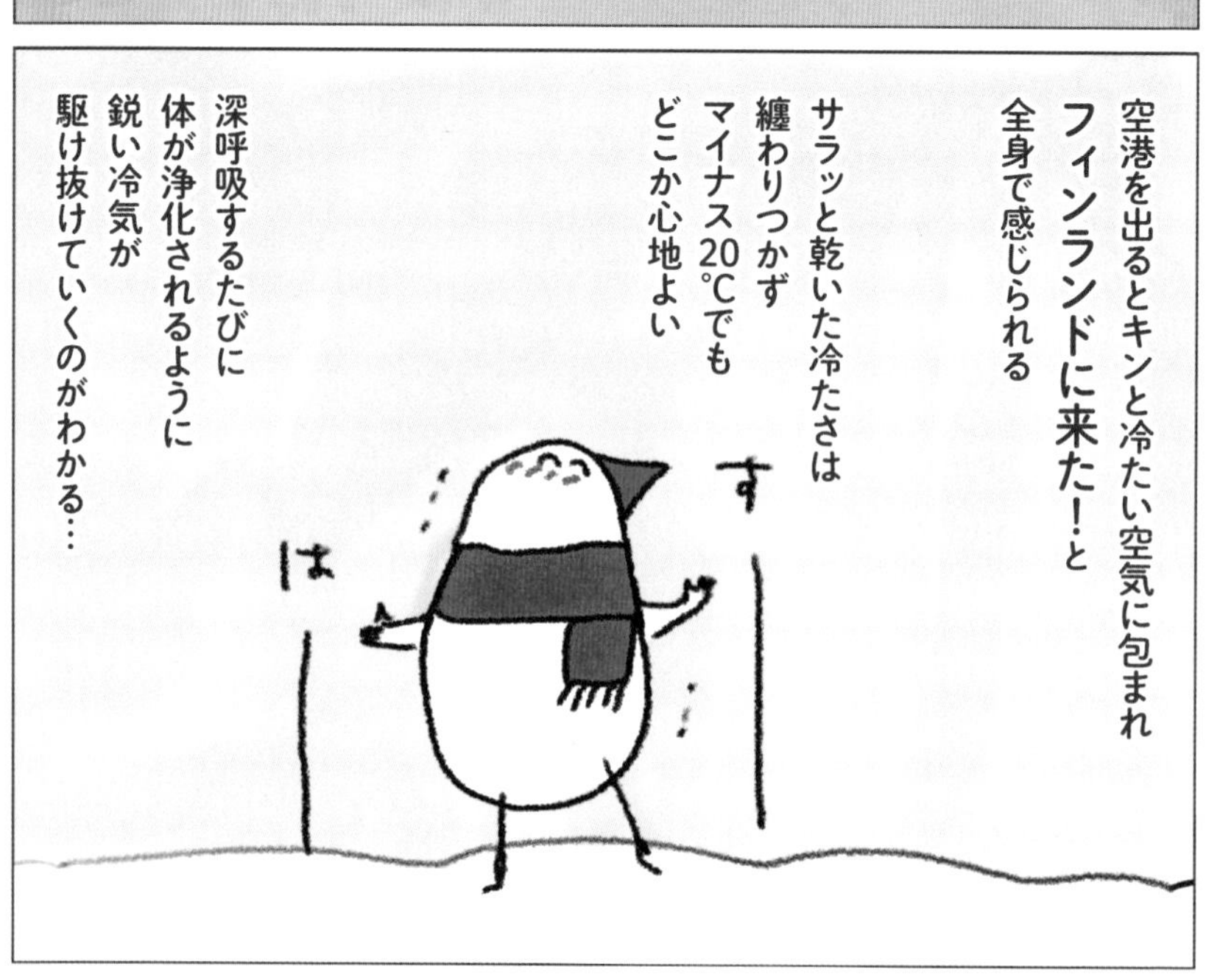
空港を出るとキンと冷たい空気に包まれ
フィンランドに来た！と
全身で感じられる
サラッと乾いた冷たさは
纏わりつかず
マイナス20℃でも
どこか心地よい
深呼吸するたびに
体が浄化されるように
鋭い冷気が
駆け抜けていくのがわかる…
す
は

白い道を歩く
サク
サク
つま先の感覚が
なくなってきた

鼻とほっぺが冷たくなる
赤い鼻を見るのは楽しい
じーん

クリスマスが近くなると
海沿いに
クリスマスマーケットが
現れる
Hyvä
1つください
そこで
スパイス入りの
ホットワインを買う

すっかり暗くなった空と
派手ではないけれど
オレンジ色のキラキラした
イルミネーション
温かいホットワインで
手と気持ちを温めながら歩く
冬のヘルシンキが好きだ

フィンランドの定番 クリスマスパイを作る

クリスマスになるとフィンランドの家庭で
作られるパイ ヨウルトルットゥ
今日 家で一緒に
ヨウルトルットゥを作ろう！
えっ！
パイ作れるの!?
ある年 普段料理をしない友人から
クリスマスパイ作りに誘われた

料理をしない友人でも作れる理由
それは…
GET!
専用のパイ生地と
ジャムがスーパーに
売っているんだね！

正方形のパイ生地の
四隅から中心に向かって
切り込みを入れて
プルーンのジャムを
のせるんだ
自信満マン

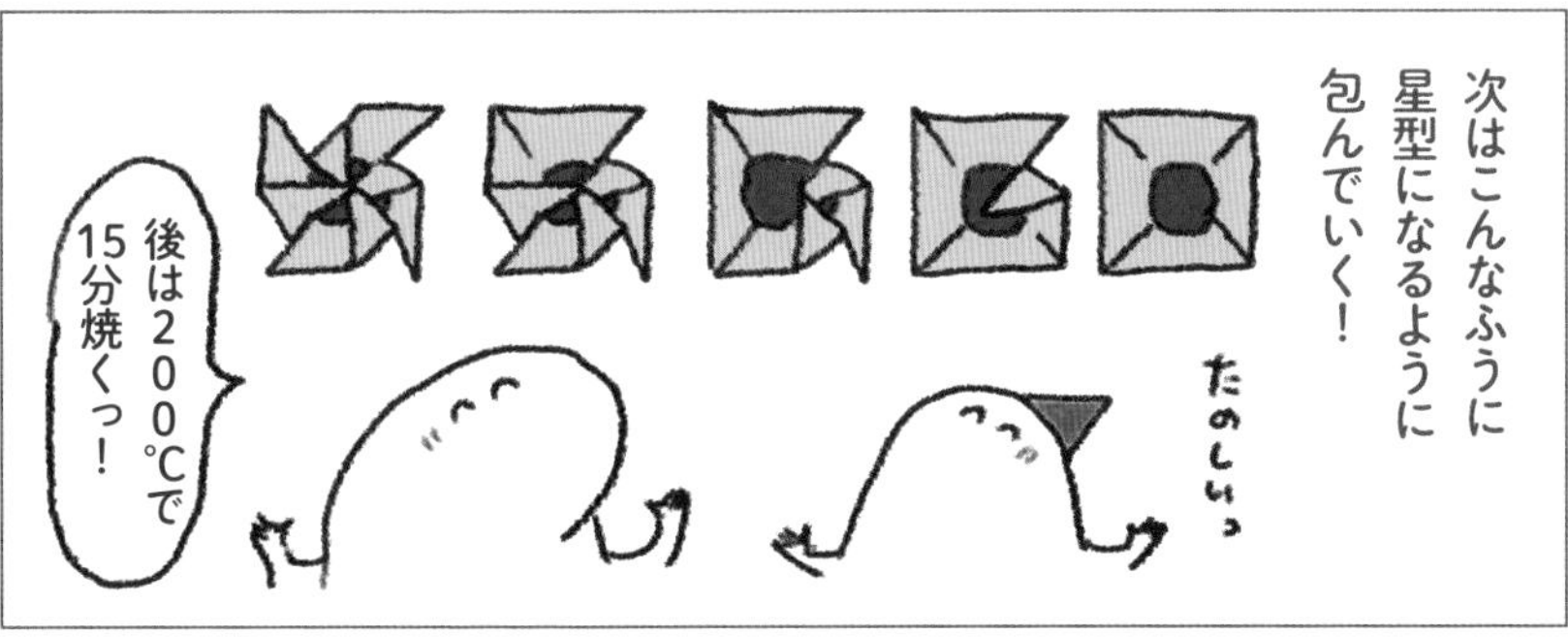
次はこんなふうに星型になるように包んでいく！
たのしいっ
後は200℃で15分焼くっ！

できた！

包みがユルくて開いちゃった…
よくある…！
パアア…
包む時は十分にくっつけよう！

持ち帰り用にも包むね！
アイスの空箱がたくさんあるんだ実家に帰るたびにお母さんもよくこれに入れてくれるんだよね

アイスクリームの空箱に詰まったクリスマスパイのお土産…
あったかい…
この日からクリスマスパイは心まで温かくなる冬の定番料理になった

気軽に行ける小さな島でピクニックする

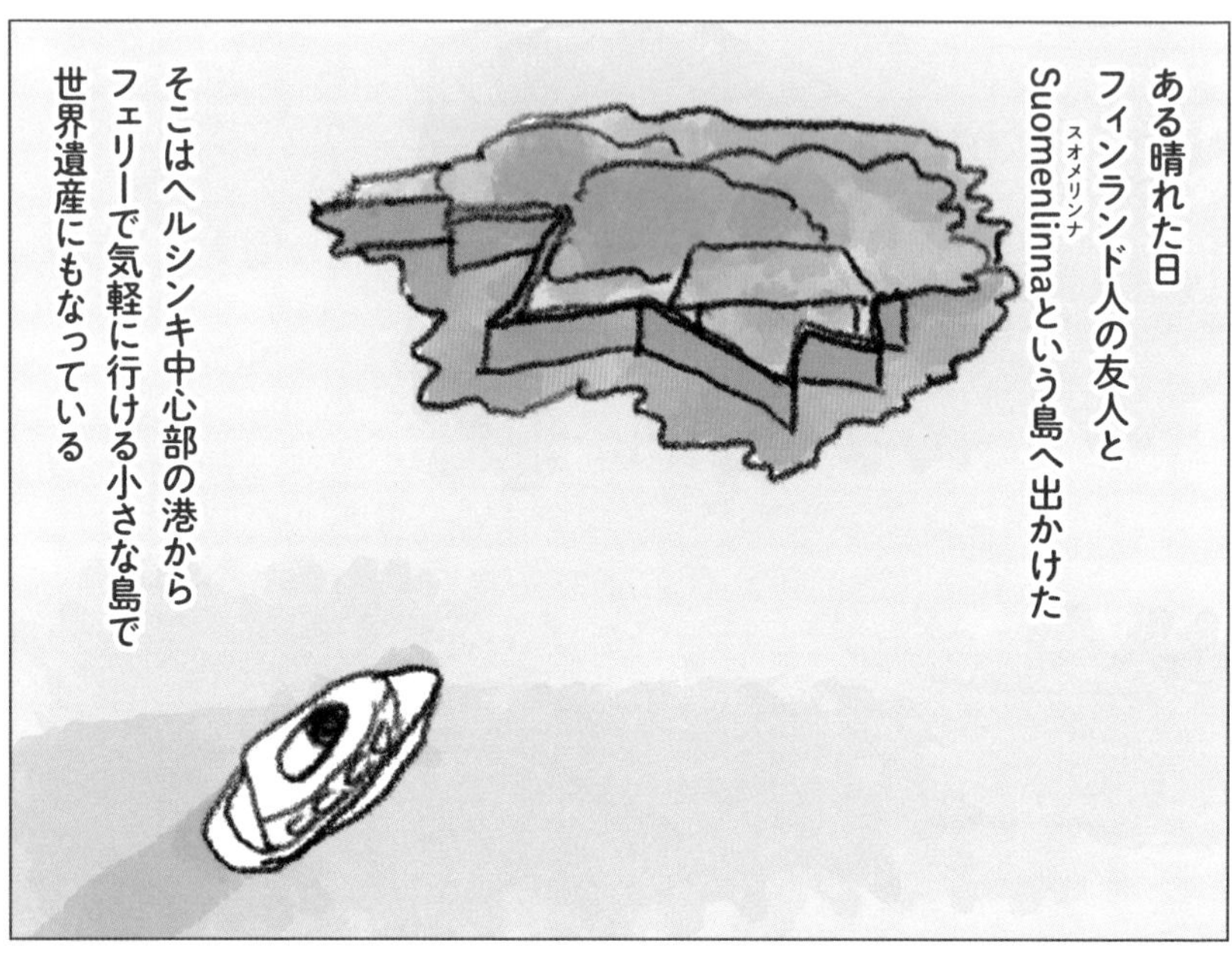
ある晴れた日
フィンランド人の友人と
Suomenlinna（スオメリンナ）という島へ出かけた
そこはヘルシンキ中心部の港から
フェリーで気軽に行ける小さな島で
世界遺産にもなっている

到着したら
島のスーパーに行って
食べものを買う
サラミのセット買おう！
このパンも試してみたい！

そして大きな木の下のベンチに座り
ロンケロで小さく乾杯する
Kippis!
プシュ

最近の人生はどうだった？
いろいろあったよ

言葉は少ないけれど　なんとなく
2人とも大変な1年だったんだろうな…
そんなふうに思いながら木漏れ日を浴びる
人生って時々ハードだよね
だね

帰る時は青い海を渡り
ヘルシンキの街へと戻る…
まるで新しい自分の始まりを
感じるように

船の上から眺めるヘルシンキが好きだ

船の上から見るヘルシンキは美しい

Suomenlinna（スオメリンナ）からの帰り道…
ヘルシンキへ戻る
フェリーに乗って
街を眺めるのが好きだ

特に好きなポイントは2つある
1つは美しく映える観覧車のブルー
まるでガラス玉のように
キラキラと街を彩っている

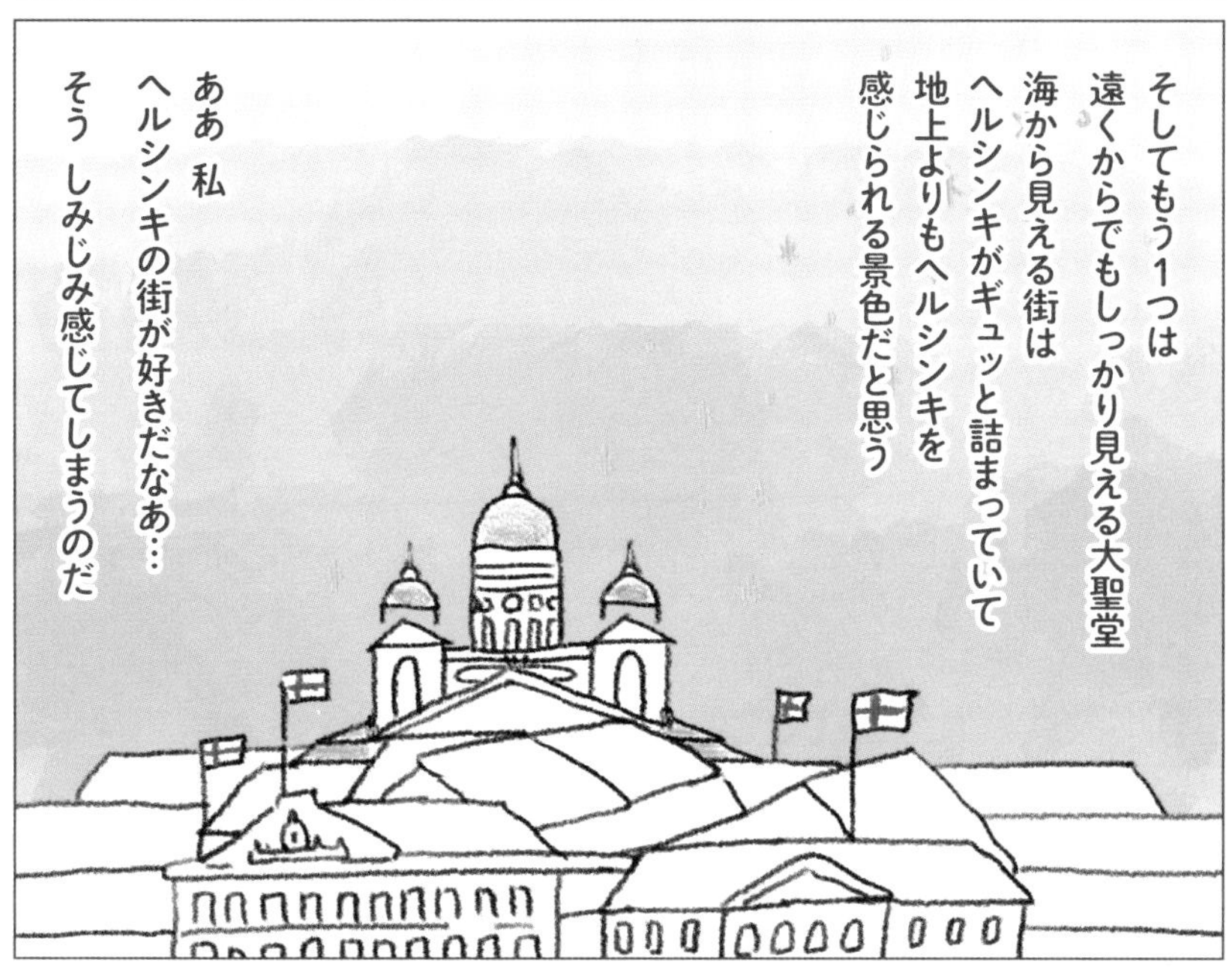
そしてもう1つは
遠くからでもしっかり見える大聖堂
海から見える街は
ヘルシンキがギュッと詰まっていて
地上よりもヘルシンキを
感じられる景色だと思う
ああ 私
ヘルシンキの街が好きだなあ…
そう しみじみ感じてしまうのだ

フィンランドの静けさを感じる

私がフィンランドを好きになった
理由の1つに「静けさ」がある
フィンランドは街中であっても
人工的な音がとても少ないのだ
アナウンスもないし
宣伝カーもない

初めてフィンランドを訪れた時
最初に感動したのは「電車の静けさ」
だったかもしれない
フィンランドの電車には
〝音が無い〟

日本
まもなく6番線に
列車が参ります
黄色い線まで
お下がりください
6番線ドアが
閉まります
ご注意ください
今度の6番線の電車は
各駅停車須磨行きです
当駅は終日禁煙と
なっております
禁煙にご協力
お願いします
フィンランド
しん…
無音だ…
すーっと入ってきて
すーっと去っていく電車…
あぁ　フィンランドに来たなあ
拍子抜けするほどの静けさに
思わず静かに笑ってしまう
音の余白は心の余白に
この心地よいフィンランドの静けさが
私は大好きなのだ

フィンランドで日本食を作ってみる

ある年 フィンランド人の友人にパーティに招かれた
みんなで料理を持ち寄るらしい
日本食を作って振る舞いたい！
借りたアパートの部屋でそう決心した私は
フィンランドで日本食を作ることにした

早速スーパーへ買い出しに行くと…
のりも売ってる！グルテンフリーのしょうゆまで…
のり

いつも作っている日本食の買い出しだからこそ
フィンランドとの食文化の違いを
よりリアルに感じられる
やっぱり薄切りの牛肉や豚肉はないんだね…
肉じゃがはダメかぁ～

ヘルシンキには
Tokyokan（トウキョウカン）という
日本の食料品と台所用品の
専門店がある
わ〜っ
フィンランド人が
納豆を買っている…
フィンランドの人が慣れた感じで
日本の食料品を買っている姿に
なんだかワクワクしてしまう

そして作ったのは
この3品!
からあげ
漬けこみっ
だしまき卵
サーモンロール寿司
まきっ

おいしい!!
どうやってこのキレイな卵つくるの?!
型抜きした飾りニンジンがかわいい〜
日本っぽい〜〜!!
そんな反応が嬉しくて
「もっと上手になろう…!」
そんな決心をして帰るのだった

フィンランドのメタルフェスティバルで騒ぐのが好きだ

フィンランドはメタルの聖地だ
ステージ
ドドンドドン
突然の森
森の中で開催されるメタルフェスもあり
お目当てのアーティストの登場まで
近くの湖でまったりすることもできる
MUIKKU
屋台

ライブ会場にいるほぼすべての人が
好きなバンドのメタルTシャツを着ている
コレください
hyvä
なので私もついつい
Tシャツを買ってしまう

いざライブが始まれば…
ウォォオ
ヘドバン
ズンズン
イエ
ウォオオ
オオオッ
音楽はもちろん
ファンの熱気に
テンションが上がってしまう

ただ私はいまだに手のサインが
上手くできない…
ハッ
本当は
こうしたい
キツネだったり
セーラームーンの
手になってしまう

けれど
普段は無口な
フィンランド人たちが
大声で騒ぐ…
なんだろう
この楽しい
感じは…！

体の底から叫んで
ファンと一体になった
フェスの帰りは
まるでサウナ上がりのよう
体も心もポカポカで
なんだか心洗われた
気持ちになるのだ

春の訪れを祝う日は街中がハッピーだ

5月1日…長い冬が終わり
春の訪れを祝うVAPPU（ヴァップ）の日だ
この日のフィンランドはいつもと様子が違う
ウェ〜〜イ
キッピ〜ス
街中に…酔っ払いが溢れているッ！
ワナ
ワナ

フィンランド人はヴァップを
ピクニックで祝う
そしてお酒を飲む
VAPPU ファッション…
高校卒業時にもらう白い帽子
学生たちは
大学ごとのテーマカラーのつなぎに身を包む
思い思いのワッペンをつけた
見ているだけで楽しいつなぎだ
赤や緑のつなぎにワッペン盛り盛り

そしてヴァップならではのグルメもある
ティッパレイパ
Tippaleipä
変わった形のドーナツ
シマ
Sima
はちみつとレモンの風味
微炭酸の発酵ドリンク
SIMA
脳みそ…
味はドーナツとかりんとうの間みたいな感じ…

私もシマを片手に公園へと向かう
レジャーシートとマイグラスを持っていく
特に多くの人がピクニックをする公園が
カイヴォプイスト
Kaivopuistoだ

私は5月のフィンランドが好きだ
ゴールデンウィークに合わせて必ずこのヴァップの街を見に来る
陽気に飲んだくれるフィンランド人はなんだかとってもハッピーで見ているこっちも楽しくなるのだ

大好きな『かもめ食堂』の面影を見つける

2006年公開の映画『かもめ食堂』が好きだ
舞台はここ 主人公がヘルシンキに構えた食堂
店主のサチエと
食堂を訪れるユニークな人々の
交流を描いた映画だ
ruokala lokki
puh. 657 422

そのロケ地となった食堂は
カハヴィラスオミという名の
地元で愛されるローカル食堂だった
映画の撮影後も〝かもめ食堂〟の文字が
残されていて 初めて訪れた時は感動した
KAHVILA
SUOMI
puh. 657 422

時が経ち　カハヴィラスオミは閉店
その後この場所を日本人オーナーさんが引継ぎ
カフェを開業　その名もRavintola Kamome（ラヴィントラ カモメ）

映画の中では
日本の定食屋さん

時々
シナモンロール

カハヴィラスオミ時代は
フィンランドの料理

もちろん
シナモンロールも

Kamomeでは
日本の定番メニューや
居酒屋メニューも！

お店が変わっても腹ペコな地元客の
お腹と心を満たすお店であることは変わりない

日本から遠く離れたヘルシンキの街角に
今も『かもめ食堂』の面影がある
Ravintola KAMOME
puh. 657 422
あるある
それがなんだか嬉しくて
近くに行くと必ず前を通ってしまうのだ

フィンランド流の新年の占いをする

新しい年を迎える風物詩として
年末になると現れる 謎の馬の蹄たち…
Happy New Year
ドサッ
そばに
占い専用おたまも売ってる
これは「ティナンヴァラミネン」という
フィンランド伝統の占いだ

占うのは大晦日の夜 スズで出来た蹄は
火にかけるとすぐに溶ける
ガスコンロで
じゅわ

溶かしたスズを水に流し入れて固める
この時 新年の幸せを願いながら流す
じゅっ

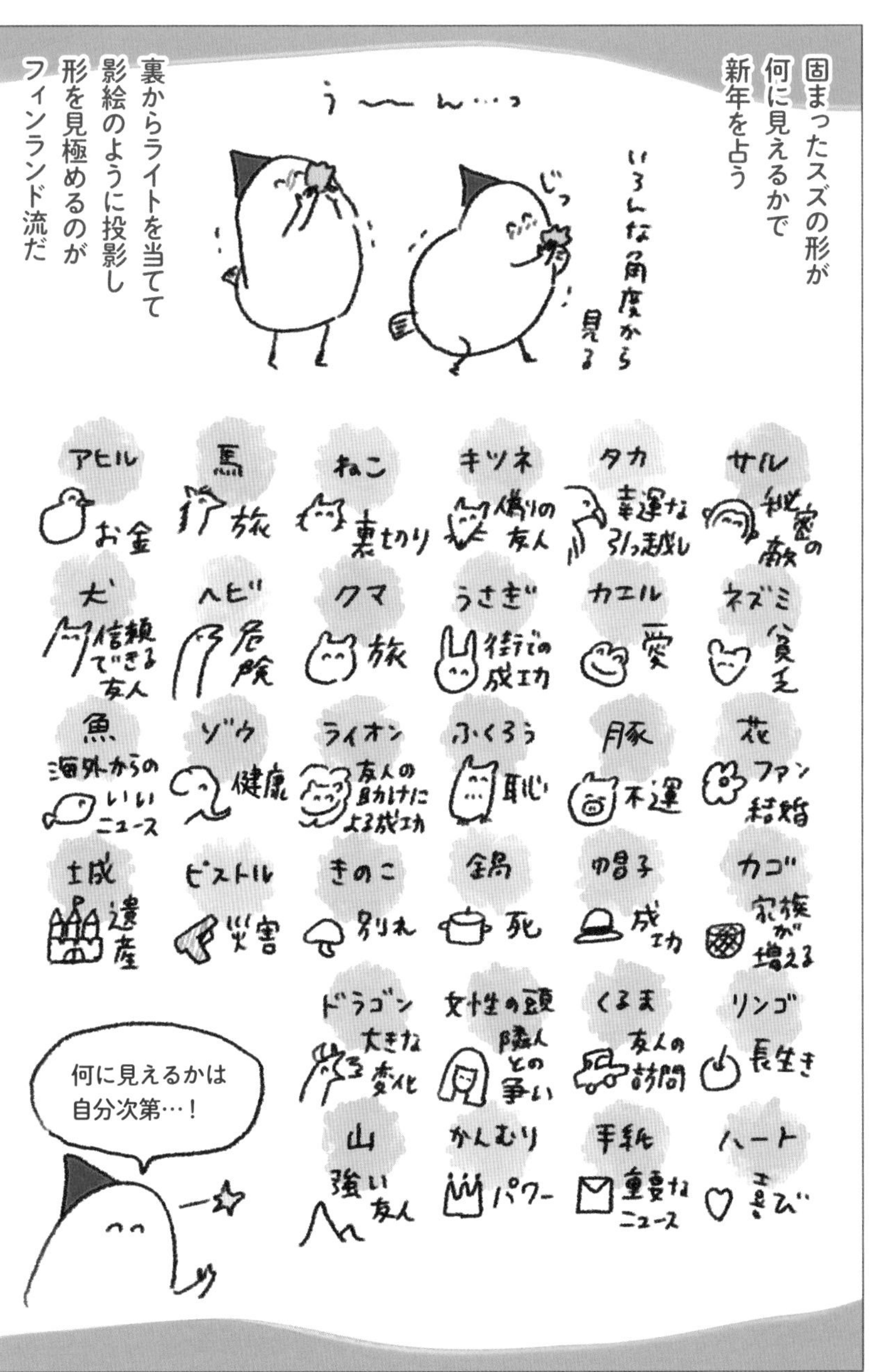
固まったスズの形が何に見えるかで新年を占う
裏からライトを当てて影絵のように投影し形を見極めるのがフィンランド流だ
う〜〜ん…っ
いろんな角度から見る
じっ
アヒル お金
馬 旅
ねこ 裏切り
キツネ 偽りの友人
タカ 幸運な引っ越し
サル 秘密の敵
犬 信頼できる友人
ヘビ 危険
クマ 旅
うさぎ 街での成功
カエル 愛
ネズミ 貧乏
魚 海外からのいいニュース
ゾウ 健康
ライオン 友人の助けによる成功
ふくろう 恥
豚 不運
花 ファン 結婚
城 遺産
ピストル 災害
きのこ 別れ
鍋 死
帽子 成功
カゴ 家族が増える
ドラゴン 大きな変化
女性の頭 隣人との争い
くるま 友人の訪問
リンゴ 長生き
山 強い友人
かんむり パワー
手紙 重要なニュース
ハート 喜び
何に見えるかは自分次第…！

フィンランドの図書館でお気に入りの場所を探す

ここは緑に囲まれた
ヘルシンキにある公共図書館Oodi（オーディ）
ヘルシンキ中央図書館 Oodi（オーディ）
世界最高の図書館に選ばれたこともある
2018年オープンの図書館だ

中に入ると…
moi!
おしゃれなレストラン
3Dプリンターの
レンタルもできる
最新ゲーム機をレンタルして楽しむ親子
VRのゲーム機
も貸し出してる！

本を読むスペースも様々で
みんな思い思いの場所でくつろいでいる
フカァ…
柱にもたれて…
ふかふかのソファで…
階段で…
そしてとても
静かだ…
私の特等席は3階の窓辺
カフェでコーヒーとブルーベリーパイを買って
外を眺めながら過ごすのが好きだ
Fazerのチョコが
ちまっとついてくる
広い図書館の中で
自分だけのお気に入りの場所を探す
きっとその場所が 毎年過ごす特等席になるはずだ

元旦はサウナで過ごす

ある年の元旦 Twitterで知り合った
フィンランド好きの友人とサウナへ行った
P20でも紹介した
ヘルシンキの公共サウナ
元旦もオープンしてて ありがたい…
ですね！

水着に着替えてシャワーを浴びたら
早速サウナに入る
ふふふ
アチ…
アチ…
ふふっ
熱いのきましたねこ
ザバァッ
静寂に包まれるサウナの中…
体いっぱいにロウリュを浴び
2人で肩を震わせる

熱々になった頃
意を決して海に入る
いってきます!!
ホカ
ホカ
きもちいい!
ワー
氷点下の海に
飛び込むのも
なんだか楽しい

パチ
パチ
← ビールとロンケロ

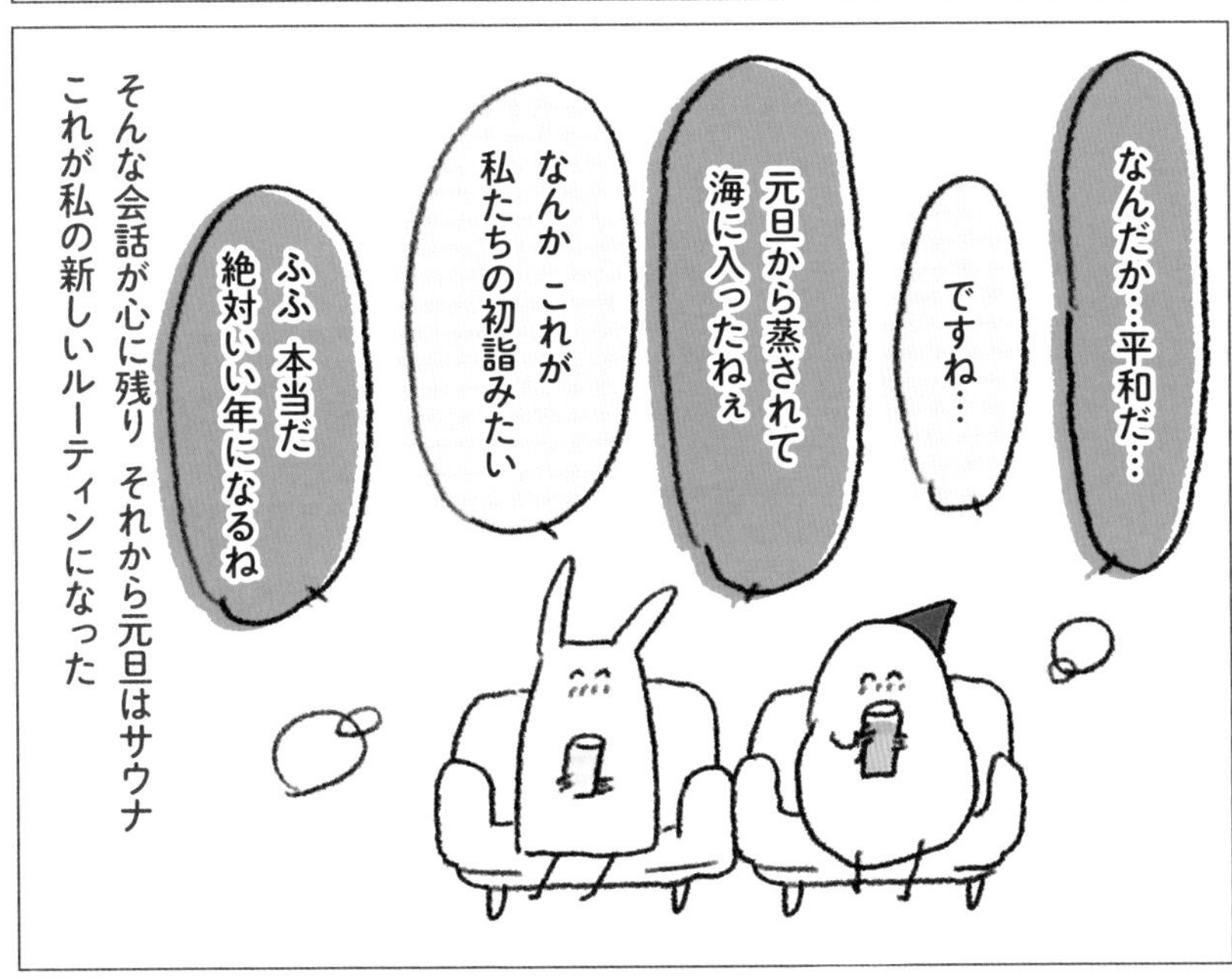
なんだか…平和だ…
ですね…
元旦から蒸されて
海に入ったねぇ
なんか これが
私たちの初詣みたい
ふふ 本当だ
絶対いい年になるね
そんな会話が心に残り それから元旦はサウナ
これが私の新しいルーティンになった

目的を持たず暮らすように街を歩くのが好きだ

大きな荷物は持たず
片手にコーヒーを持って
気ままに歩くぐらいの身軽さで
目的地も 今日は
「海の近くのマーケットまで」としか
決めていない

スーパーの帰りに見つけた
小さな売店で
アイスを買う
ソフトクリーム
1つください！

うまっ！
そんな風に見つけた
何気ない店が
長年お気に入りの店に
なったりするのだった

フィンランドのバスに乗ると心にゆとりが生まれる

ヘルシンキのバスに乗ると
行動範囲がぐっと広くなる
436
しかしバスに乗る時には
注意点があり…
乗りたいバスが来たら
手を挙げて運転手さんに
"私乗ります!"を伝える

時間通りに
バスが来ない
ワナ
ワナ…
普通に1本まるっと
来ないこともあり
最初はかなり不安になる

バス停の
アナウンスがない
ここはどこ…
なのでGoogleマップを常に見ながら
ここだ!という時に停車ボタンを押す

しかしだんだん
バスの時間への
期待が薄れるのと同時に
自分の心にもゆとりが
生まれていくのを感じる
また来ない…
まいっか
コーヒー飲もう
フィンランドに来ると
自分の中に流れる時間が
ゆっくり溶けていくのがわかる
そんな変化も心地よいのだ

スクーターに乗って出かけるのが好きだ

ある年からヘルシンキの街中で
見かけるようになった
レンタルスクーター
なんとなくハードルが高そうで
初めて見た年は
試せなかったけれど…

翌年チャレンジしてみたら
アプリ1つですぐに利用でき
ヘビーユーザーになってしまった
便利
パワフル
ブィーーン
楽しい

歩くには少し遠かった
海辺のカフェまで
スクーターで
移動したり…
移動中に
気になる店を
見つけたら
気軽に止まったり

たとえ短い旅の間でも
新しい移動手段のおかげで
さらに自由度が増した気がする

hyvä!

移動時間にも街を感じながら
小さな変化も楽しめる…
スクーターはそんな旅の頼もしい
相棒になってくれるのだった

待ち合わせはランプの下で

ヘルシンキ中央駅で待ち合わせる時は
必ずこの照明のある場所で会う
Let's meet here!
ポチ
ポチ
大体ここの写真を送れば
みんなわかってくれるし
ベンチもあるのでいい…！

今まで何度も
初めての
出会いや
再会を
ここで迎えた
待ち合わせる
たびに
この場所の
思い出が
増えていく…

ちなみにフィンランド人の
定番待ち合わせスポットは
STOCKMANN(ストックマン)の時計の下
STOCKMANN
ここが
フィンランドの
"ハチ公前"
ストッカン・ケッロ
通称 Stockan kello
いつも待ち合わせ中らしき人達で賑わう！

Column 4

フィンランドの魔法の言葉

カルサリキャンニトという
フィンランド語がある
"KALSARIKÄNNIT"
「家の中で1人
下着姿でお酒を飲む」
という単語だ

時々フィンランド人から
週末は何してた?
KALSARIKÄNNIT してたよ〜
というメールが来る

一説によれば
酔っぱらった
「結果として」
家の中で1人なぜか
下着姿でいる
状況のことを指す
ともいわれている…
心当たりあるね…

ステイホーム中
どんなにダラダラ
過ごしても
これは
フィンランドごっこ…
と思えば
気分もよくなる
魔法の単語なのだ

フィンランド伝統の飾り　ヒンメリを作る

ヒンメリとは麦わらでできた
フィンランドの伝統的なモビール
幸せを願って
クリスマスの時期に飾られる
ストローでも
作れるよ！
これが冬の長い夜のお供に
ちょうどいい手仕事になるのだ

材料　ストロー…5cm×12本
針金…100cm
お好みのヒモ…適当な長さ

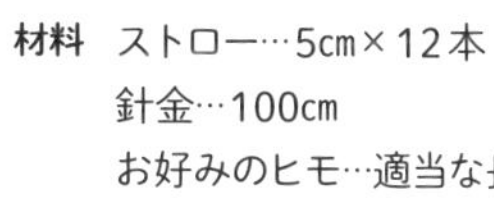

作り方

1 2 3

① ストローを3本針金に通す

▼

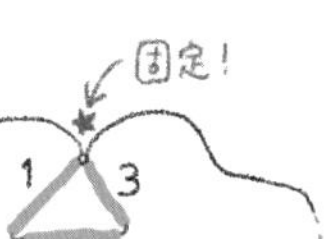
固定！
1
3
2

② 1と3のストローの端を合わせて三角形を作り★の所でひねって固定する

▼

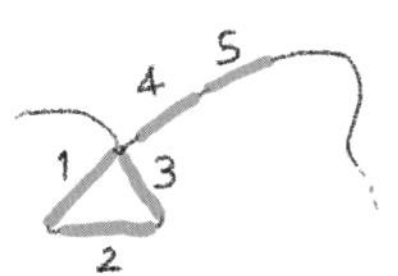
4
5
1
3
2

③ 片方の針金にストローの4本目と5本目を通す

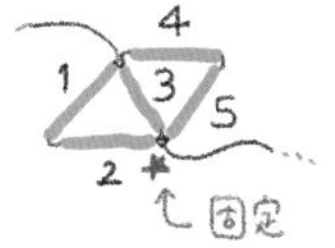
4
1
3
5
2
固定

④ 5のストローの端を★に巻きつけて固定し三角形を2個作る

▼

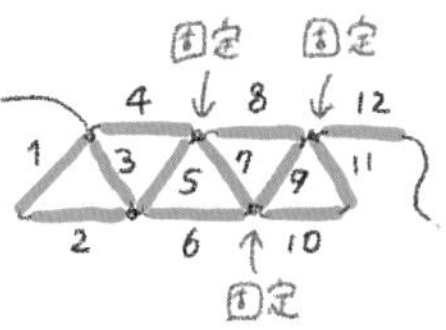
固定
固定
4
8
12
1
3
5
7
9
11
2
6
10
固定

⑤ 同様に11本目のストローまで③④を繰り返して三角形を5個作り針金に12本目のストローを通す

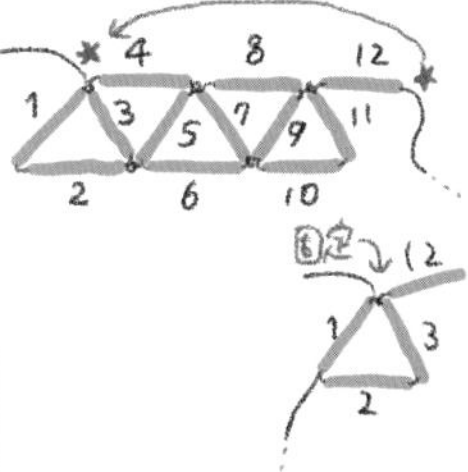
4
8
12
1
3
5
7
9
11
2
6
10
固定
12
1
3
2

⑥ ★同士を巻きつけて固定し12のストローに通した針金を1のストローに通す

▼

12
1
2

⑦ 通した針金をまだ他のストローとくっついていないストローに固定する

▼

⑧ 形を整えて余った針金を切りお好みのヒモをつけて完成！

1 島でのピクニックを終えて、船の上から眺めるヘルシンキの街並みが好きだ（P130）。

2 晴れた日は湖畔でのんびり木彫りをしながら、スナフキンごっこをする（P100）。

3 夏の22時は、ゆるりと明るい。ビールをお供に、焚火でソーセージが焼ける音を聞く（P104）。

4 コテージの朝、桟橋に特等席を作る。コーヒーを淹れて、ここで長い物思いにふける（P106）。

5 白い木々、暗い空、キンと澄んだ空気。部屋にはキャンドルが灯る、フィンランドの冬（P124）。

6 マイナス20°Cの中、サウナの後に凍った湖に飛び込むフィンランド人のおじさま（P110）。

Part 4

買う

フィンランドのコンビニでお菓子を買うのが好きだ

フライトを終えて空港に着くと
すぐその足でコンビニへ向かう

まず何といってもパッケージがかわいい
見ているだけで動悸がする…
Pihlaja

スーパーでも買えるけれど
旅のお供にはコンビニサイズがちょうどいい
大きいサイズ
Marianne
コンビニサイズ

1日目に必ず買うのは
キャンディ2種類とチョコレート

マリアンネ
チョコレート入りミントキャンディ

サルミアッキ
世界一まずいといわれるキャンディ

SALMIAKKI

Fazerのチョコレートバー
いろんな味があって楽しい

Karl Fazer

この3つを鞄に入れると
私のフィンランド旅がスタートする

鞄に入れたお菓子たちは
歩き疲れた時や
少し眺めていたいステキな景色を
見つけた時に食べる
ふふふ

そして包み紙は捨てずに持ち帰り……
帰国後は缶バッジにして愛で続ける
ガコンッ
ガコンッ
ガコンッ

フィンランドのスーパーで惣菜を買って帰るのが好きだ

K supermarket（コー スーパーマーケット）に立ち寄った時
ずらりと並んだお惣菜がおいしそうで
ふと買って以来ハマってしまった

お気に入りはサーモンソテー
ミートボール　ローストポーク…
これで2ユーロ…
THE定番ハズレなし!
マスタードをつけて食べると最高ッ…
量り売りなので一切れから購入できて
1人旅にも嬉しいしリーズナブル

付け合わせのマッシュポテトもマスト
ポテトどのくらい
入れますか？
え えっと…！

こっ…これくらい
お願いします！
これでも通じる
OK！

こうして開かれる
旅先の自宅レストラン…！
いただきまーすっ
こんなアットホームな食卓にも
無性にウキウキしてしまう

スーパーで数日分の買い出しをして食料貯蔵庫を作るのが好きだ

Airbnbで借りたコテージに着くと
まずはスーパーへ買い出しに行く
コテージでは引きこもりたいので
数日分の食料をまとめ買いする
alepa
TERVETULOA
TERVETULOA
徒歩圏内にある唯一のスーパーは
とても小さく 品揃えにも限界がある
生鮮食品もあまり置いていないので
缶詰が大活躍する
前にフィンランド人のコテージに招かれた時の
レシピをベースに買い物をする

買い物カゴに放り込まれる私の定番たち
ドーナツ
ミルク
スモークサーモン
コーヒー
パン
ソーセージ
焼チーズ
マスタード
ニシン
ツナ缶
ブルーベリー
豆スープ
エビと
クリームのペースト
マリメッコのペーパーナプキン
マスタード
アルコール
手がちぎれそうになりながら帰宅
ハァ
ハァ
こうして巣ごもり準備は完了！
うっとり…
コテージに自分だけの
食料貯蔵庫ができる過程は
なんだかとても楽しい

地元で人気のオーガニック食品店は魅力だらけだ

Anton&Anton（アントン アンド アントン）は
地元でも人気のおしゃれなオーガニック食品店
フィンランド人のお母さんたちが
自分の理想を形にしようと立ち上げた
フードマーケットだ
Anton&Anton
A&A
MA−PE
8−20
LA
9−18

作り手の顔が見える食材のみを扱い
野菜や乳製品 魚介類や調味料までずらりと並ぶ
1人旅にもちょうどよい
小分けにされた惣菜やスープ サラダたち…
何を買おうか迷ってしまう

ほぼすべてがオーガニックでフィンランド産
こだわりのジャムやチョコレートは
どのパッケージもかわいすぎてお土産にもグッド！
チョコレートの
デザインもかわいい

オリジナルブランドの商品も
たくさんある
どれも
ステキッ！
ついつい商品を取る手が止まらない
店内いっぱいにこだわりが感じられる
魅力いっぱいのお店なのだ

フィンランド人が大好きな甘いマスタードがある

フィンランドのBBQの定番
ソーセージの丸焼き（マッカラ）に
欠かすことができないのが
この甘いマスタードだ
Turun Sinappia
TAKAISIN SUOMESSA
ÅBO SENAP
Väkevä Stark
かわいい…
フィンランド語でマスタードは〝シナッピ〟という

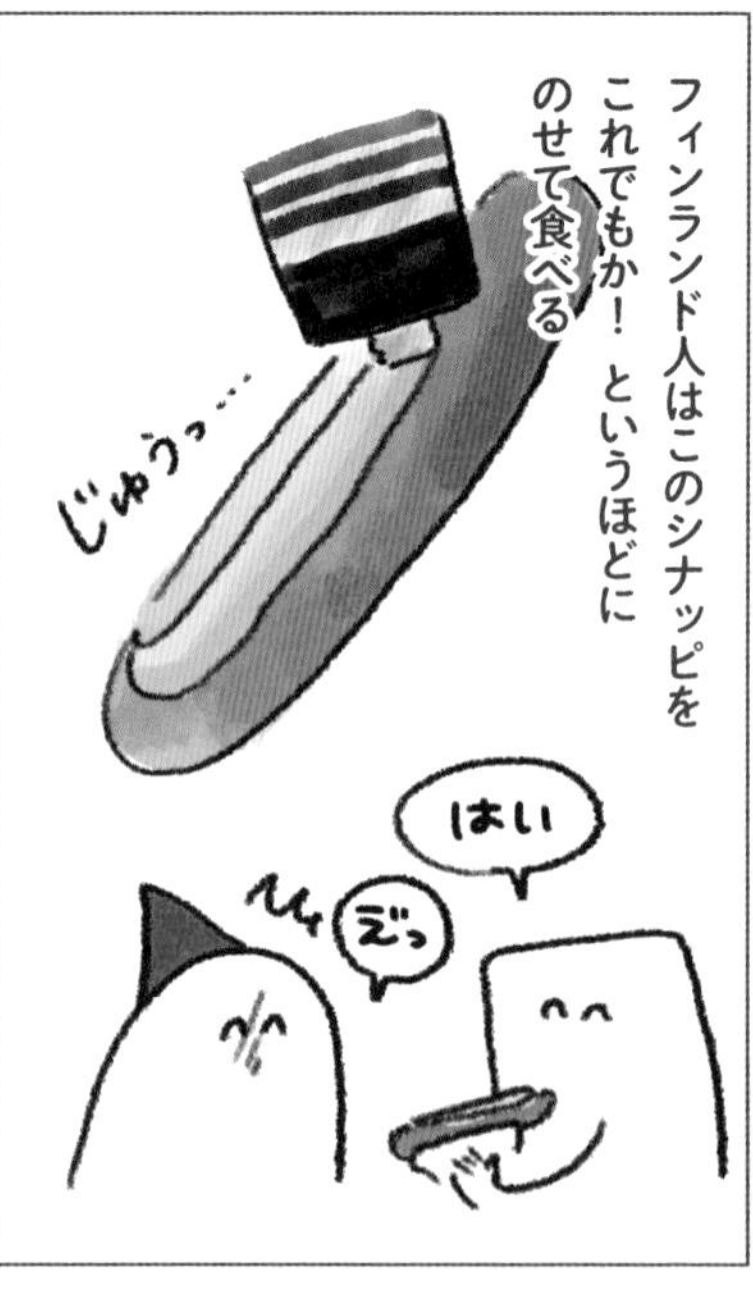
フィンランド人はこのシナッピを
これでもか！というほどに
のせて食べる
じゅうっ…
はい
んむ
ズッ

しかしこのマスタードはとても甘く
辛味はほぼない
おいしいッ
だろー

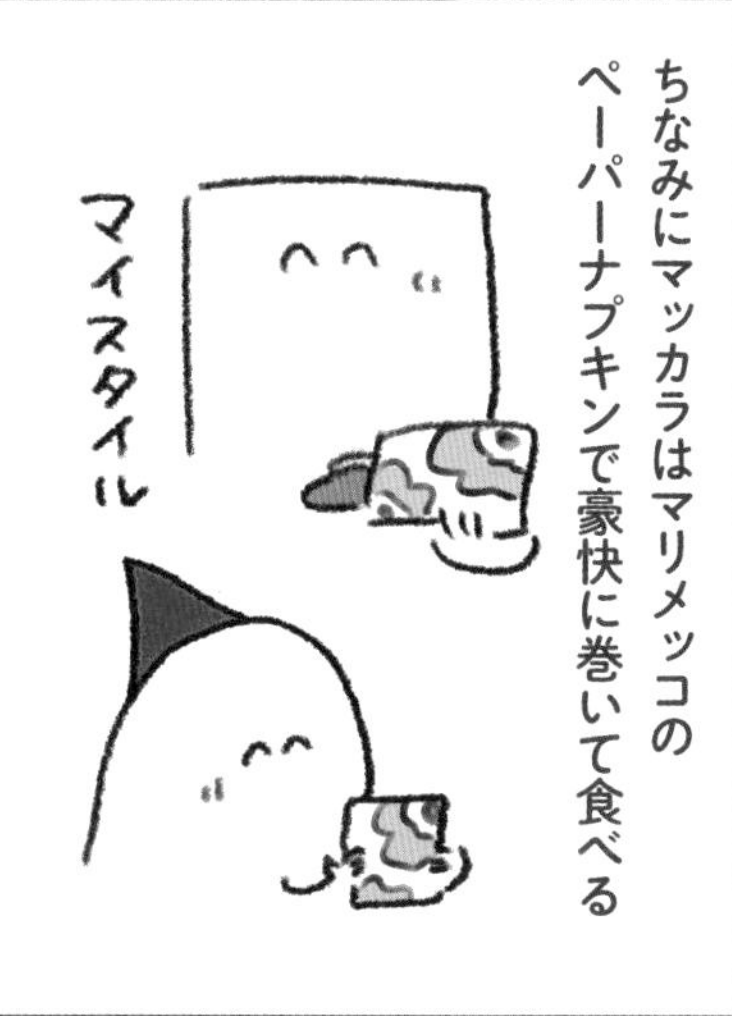
ちなみにマッカラはマリメッコの
ペーパーナプキンで豪快に巻いて食べる
マイスタイル

1人でマッカラを焼く時も
シナッピとペーパーナプキンは
マストアイテムだ
BBQには
MYシナッピ
毎回消費量がすごい…

スーパーでは辛口のシナッピが
黒色のパッケージで
売られているのだが…
Turun Sinappia
ÅBO SENAP
Tulinen Eldig
Turun Sinappia
ÅBO SENAP
Väkevä Stark
黒いのも
全然辛くない…
ほっこりするくらいに甘口なので
安心してたっぷり塗って食べよう

ちなみに…ヘルシンキの
カレー屋さんから聞いた話
カレー屋さん
フィンランド人向けに
甘口にしてるんだ
そうなんだ…!
フィンランド人は
辛い食べ物自体が
苦手なようだ

フィンランドのアイスをパケ買いするのが好きだ

フィンランド人はアイスが大好きだ
どれくらい好きかというと
国民1人当たりのアイスの消費量が
世界一になったこともあるほど
みんなアイスが大好きなのだ
夏のアイスの屋台には
老若男女問わず列に
並んでいる
Jäätelökioski

スーパーに行くと
アイスコーナーは広々としていて
いろんなアイスがある
パッケージもかわいいので
いろいろ試したくなる
かわいい…!
SALMIA

ペンギンのアイスは国民的な庶民派アイス
なぜか常に柔らかいので
買ったらすぐに食べよう
Esa
Pinguiini
懐かしい
味がする

大好きなミントキャンディーのアイスは
パッケージもかわいいし　味もおいしい
Mariame
コーンタイプも
おいしい!!

そしてもちろん…
あのサルミアッキアイスも
ある
サルミアッキも好きだし
パッケージもかわいいから
買っちゃお
…
SALMIAKKI

まっ…まずい…
…ッ!!
外側のサルミアッキチョコの
コーティングが最強に濃くて
いつものサルミアッキの
比じゃないッ
時にはこんな出会いもあるけれど
アイスのパケ買いは楽しくて止められない

フィンランドに愛してやまないトリュフチョコがある

そのチョコはヘルシンキから程近い
ポルヴォーという街のチョコレート屋さん
Brunberg（ブルンベリ）で生まれた
おっ…おいしい！
これどこのチョコレートですか!?
ある年 ポルヴォーに住む人から頂いた
このチョコレートに一口惚れしてしまった

そしてなんと数年前から
このチョコレートが
ヘルシンキのスーパーでも
売られるようになった
Brunberg
TRYFFELI · TRYFFEL
300g
なめらかで口の中に入れると
フワッととろけるトリュフ…
嬉しいっ

とりあえず滞在中に
一箱は食べてしまう
朝コーヒーと…
昼も散歩中に…
夜はホットワインと…
スッ…
夏は溶けちゃうので
注意しよう…

そしてもちろん
お土産にも買う
自分用に
min2箱は買う
ふふふ…

そして帰国後はしばらく
毎朝一粒ずつコーヒーと共に
楽しむのが日課になる
マリメッコの
マリボウルに入れる
ハッピーチャージー
Brunbergのチョコレートは
日本に帰ってからも幸せが続く
フィンランド旅のマストアイテムだ

フィンランドに行くと必ずマリメッコの店をハシゴする

マリメッコを生んだ国　フィンランド
ヘルシンキ中央駅から徒歩圏内にも店舗があるのだが…

５ケ所巡る
どこも同じじゃないの…
違うッ！
※個人の感想です

だいたい初日にマリメッコパトロールの時間を作って歩いて回る
るん
るん
すべて駅近くにまとまっているので歩ける!!

オールマイティにいろいろ揃う店ッ！
正規の価格でも日本より2〜5割安く手に入るッ…!!
Marimekko Forum

靴下や小物の充実した店ッ！
かわいい…
Marimekko Kamppi

日本人サイズのアパレルに強い店ッ！
Marimekko Aleksinkulma
ファブリック充実店ッ！
Marimekko Esplanadi

そしてフロアごとに強みの異なる老舗デパートの販売エリアッ！
5Fはインテリア
1Fはアパレル
Marimekko Stockmann Helsinki

オッケー 大体把握した…
よし 明日はマリメッコ ヘルットニエミアウトレット店だ！
まだ行くの！？
※帰る日時に空港でも2店舗行く

奮発して買ったマリメッコのタオルを愛用する

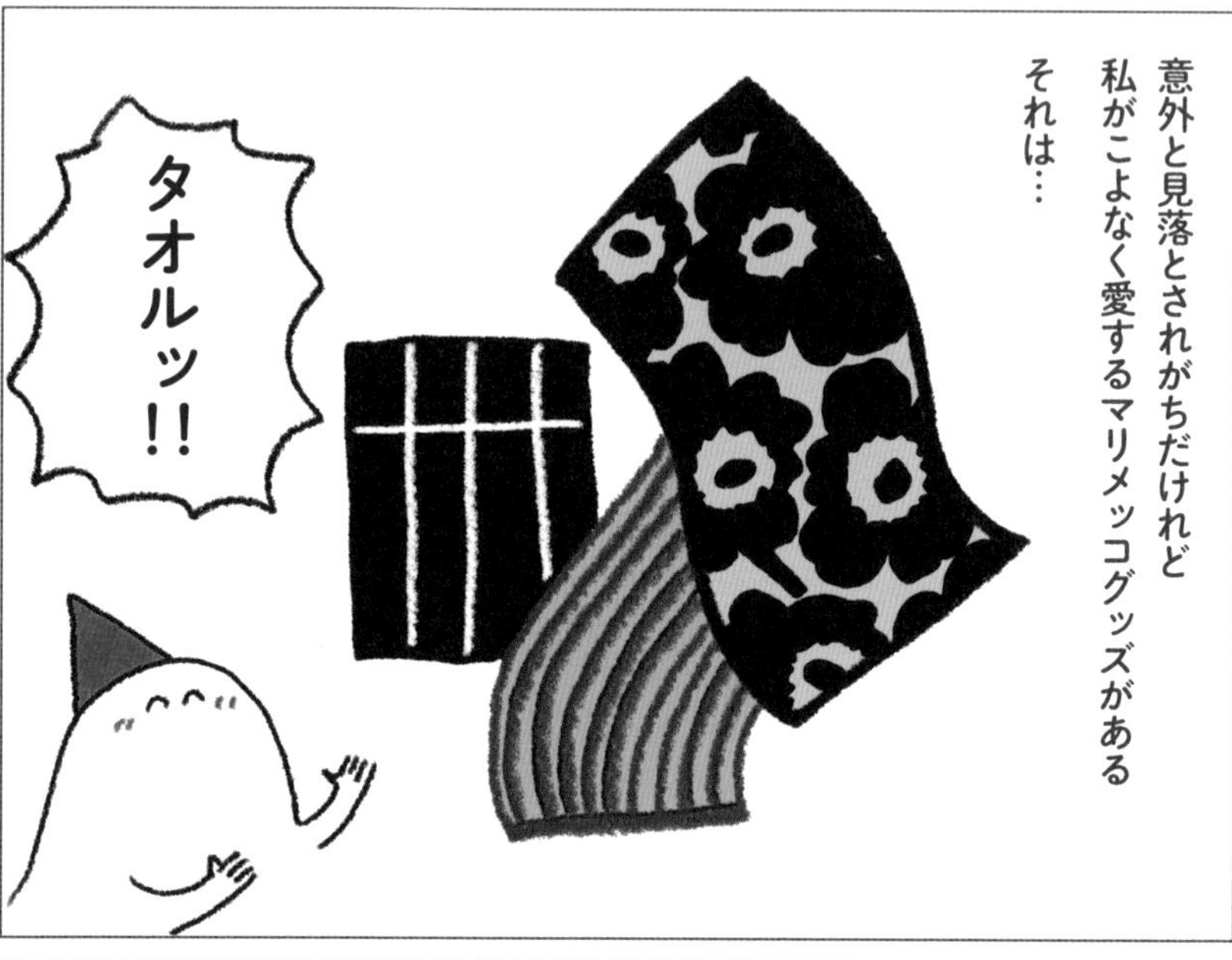
意外と見落とされがちだけれど
私がこよなく愛するマリメッコグッズがある
それは…
タオルッ!!

フィンランドのサウナに行くと
現地の人は高確率で
マリメッコタオルを使っている
マリメッコ
バスローブの人も多い

タオル掛けコーナーにもチラリと見える
マリメッコタグがたくさん…
marimekko
この部分がまた
さりげなくかわいい…

そんなさりげなさが
なんだかステキで
数年前に思い切って
マリメッコタオルを買った

42€

こんなに高いタオル
買うの初めてだった

しかしこれが大正解ッ
掛けても
かわいいっ

毎日使うだけで
ワクワクしてしまう
サウナに
持ってこ！
ふふふ
ブランケットと
してもよい

そして何より
今まで買った
どのマリメッコグッズよりも
日常使いできている!!
圧倒的No.1
マグとタオル
よく使う!!
服は時々
今まではハレの日の
ブランドだったマリメッコ
フィンランドの人たちを真似てみると
マリメッコとの距離が
ぐっと近づいた気がしたのだった

私にとってマリメッコアウトレットは夢のような所だ

おそらく私が最もフィンランドでテンションの上がる場所…
そう ここはmarimekko本社なんとアウトレットも併設されていて
marimekko本社！！
marimekko
YSTÄVÄMYYNTI

アパレル食器 ファブリックまで目を疑う程にお買い得ッ…！
テンション上がりすぎて窒息しそう…！
-70%
-50%
落ち着こうッ…！

いろいろと試着して…
試着室ビミョーに閉まりきらない

これだ！ という一着を必ず買う
スカーフも
買っちゃおう
つい買いすぎる…！

ちなみに隣には食堂もあり
食器もマリメッコ仕様！
食堂の名前は
maritori（マリトリ）

会計時もし免税する場合は
密封梱包が必要だけど
ここではお断りする…
パッキングは
なしでいいです

なぜならすぐ使いたいから…！
新しく買ったマリメッコの
服を着てヘルシンキを歩く
すぐ着る
へへ…
気分も新たに
さらにウキウキな旅が始まる

マリメッコのペーパーアイテムが好きだ

大好きなマリメッコを買う場所が
直営店以外にもう1つある…
プリズマ
PRISMA
prisma.fi
Prisma（プリズマ）Tripla（トリプラ）という
大きなスーパーの
文具コーナー！
そう…ここでは直営店にはない
マリメッコのペーパーグッズが手に入るのだ！

プレゼントに使える丈夫な紙バッグや
ラッピングペーパーがずらり
価格もかなりお手頃！
中でも私はラッピングペーパーが好きで…

壁に貼って気軽に模様替えを楽しむ！
ペタァ…
両面テープを貼ってくっつけている

ちなみに私の家はこんな感じなので
フィンランド人が来る時は少し恥ずかしい…
国旗
マリメッコづくし
オー
イッタラ
アラビア
フィンランドのお酒
ムーミン
フィンランド
オタクすぎて
恥ずかしいッ…！

フィンランドにはかわいい靴がある

フィンランドに行くと靴を買う
真冬のフィンランドで
雪でも滑らないスノーブーツを買ったり
さすがフィンランド製…
全く滑らない！
優秀で暖かい
レザーブーツが
たくさん売っている!!

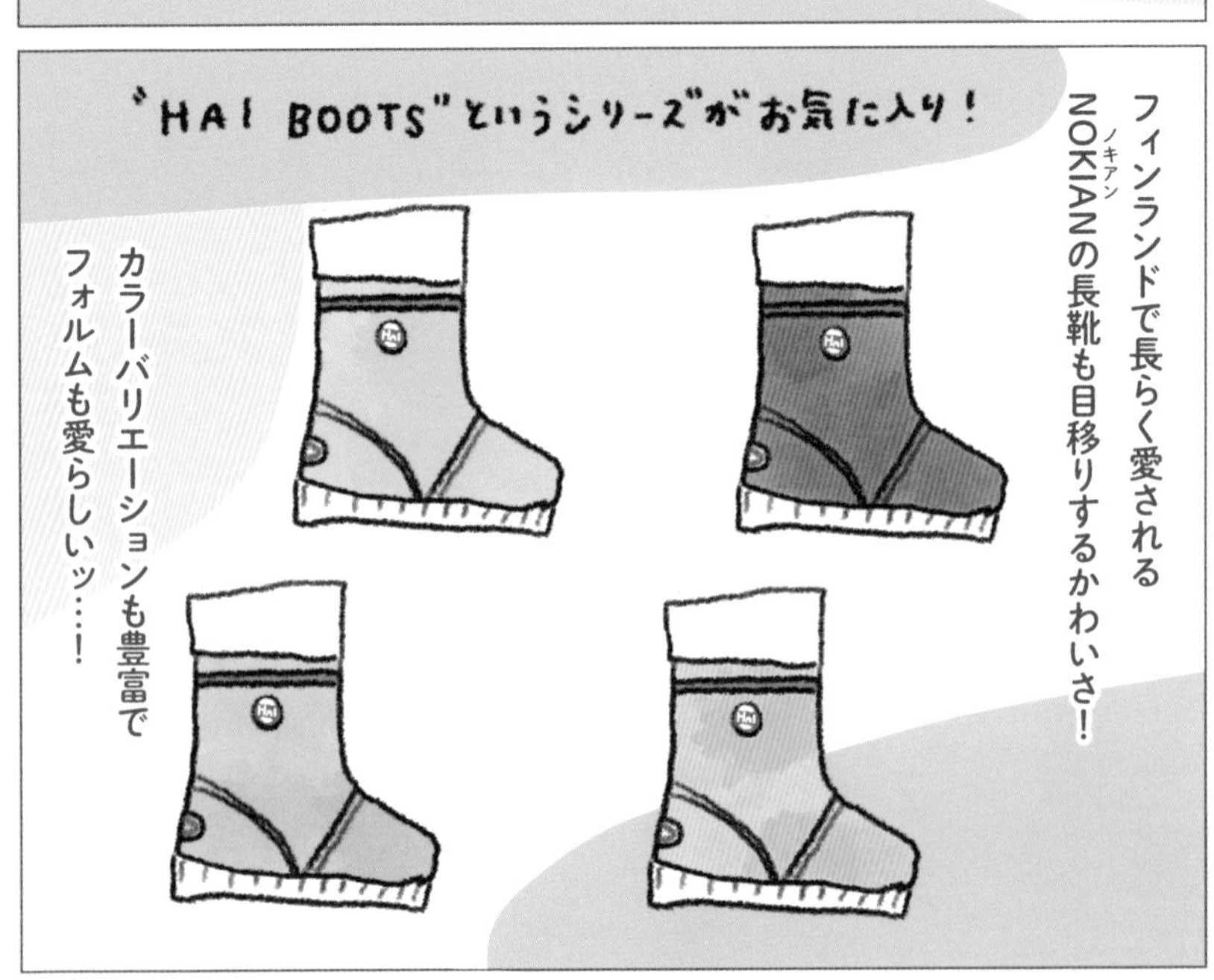
フィンランドで長らく愛される
NOKIAN（ノキアン）の長靴も目移りするかわいさ！
"HAI BOOTS"というシリーズがお気に入り！
カラーバリエーションも豊富で
フォルムも愛らしいッ…！

そしてフィンランド発のスニーカーブランド
KARHU（カルフ）も人気だ
カルフとはフィンランド語で熊のこと
独特の色の組み合わせがかわいい！

ヘルシンキのコンセプトストアでは
Tシャツ　靴下　帽子までアパレルも充実
フィンランドで靴探し…
これも私の密かな楽しみなのだ

美術館でしか買えないアート雑貨を探すのが好きだ

ここはフィンランドの現代美術館 kiasma（キアズマ）
ヘルシンキ中央駅からも歩いて行ける
人気スポットだ
展示内容も
イメージする北欧っぽいものから
ダークさ溢れるものまで見ごたえがある

併設されたカフェでは
野菜たっぷりのランチも
食べることができる

しかし私の最大の目的は
ミュージアムショップ…！
ここで一風変わった
お土産を
探すのが好きだ
kiasma
shop

このショップはチケットを買わなくても
誰でも訪れることができる
カレリアン
ピーラッカの
ピンバッヂ…！？
HELSINKI
変わったものが多くて
見ているだけでも楽しい

ここでしか買えない
おかしなアート雑貨に出会える場所
Kiitos!
キートス！
バッヂ買った
ベレー帽につけたりして大切にしてる…
ミュージアムショップならではの
クセの強さが何だかたまらなく好きだ

フィンランドの大人も楽しめるゲームで遊ぶ

フィンランドでゲームを買うのが好きだ
といってもビデオゲームではなく
アナログなゲームたちだ
おもちゃ〜…
なんだかウキウキ
しちゃうコーナー…
Prisma（プリズマ） Tripla（トリプラ）という大きなスーパーに行くと
まずおもちゃ・ゲームコーナーを目指す

フィンランド人に聞いて買ったアフリカン・タヒティという
フィンランド人お馴染みのボードゲームや
AFRIKAN TÄHTI
宝石を集めて遊ぶ
すごろくのようなゲーム！
インターネット上に
英語のゲームルールが
載っているよ！
AFRIKAN TÄHTI
afrikas stjärna

野外で楽しむ定番ゲーム
モルックを買うのも楽しい

数字の書かれた木製のピンを倒して50点ぴったり得点したチームが勝ち！

MÖLKKY

ビール飲みながらできるのがいいんだよね

そこ!?

お酒を飲みながら外で大人たちも
楽しめるゲームは意外とレアだ

そしてなにげに日本の飲み会で人気なのは
パズルだったりする
ムーミンのパズルに真剣な仲間たち
ムム…
こんなのも買いがち
フィンランドでジブリのDVD買ってきたからフィンランド語で流す！
フィンランドのゲームは酒と共にあり
異国のゲームを持ち帰って
お酒のお供にするのが楽しくて好きだ

リサイクルショップを巡るのが好きだ

ここは恐らく地元の人たちしか知らない
やや不便な場所にあるリサイクルセンター
Pääkaupunkiseudun Kierrätyskeskus
パーカウプンキセウドゥン キエッラトゥケスクス
KIERRÄTYSKESKUS
リサイクル文化の進むフィンランドで
国が運営しているリサイクルショップだ

街を歩いていると便利なリサイクルショップに
たくさん出会うけれど…
UFF
SECOND HAND
fida
そういった場所は世界中の
バイヤーがこぞって訪れているので
いいものはあまり残っていなかったりする
街中でよく見かけるセカンドハンドショップで
洋服の品揃えが豊富だけど
食器やおもちゃも置いてるよ!

しかしこの不便な場所にあるショップでは
毎回何かしらお宝に出会うことができる
アラビアのヴィンテージマグ
ロンケロのグラスにカルフのグラスまで!
買うっ!!
KARHU
人によってお宝も様々だ
私はとにかくグラスやカップが好きなので
気に入ったものがあると連れて帰る

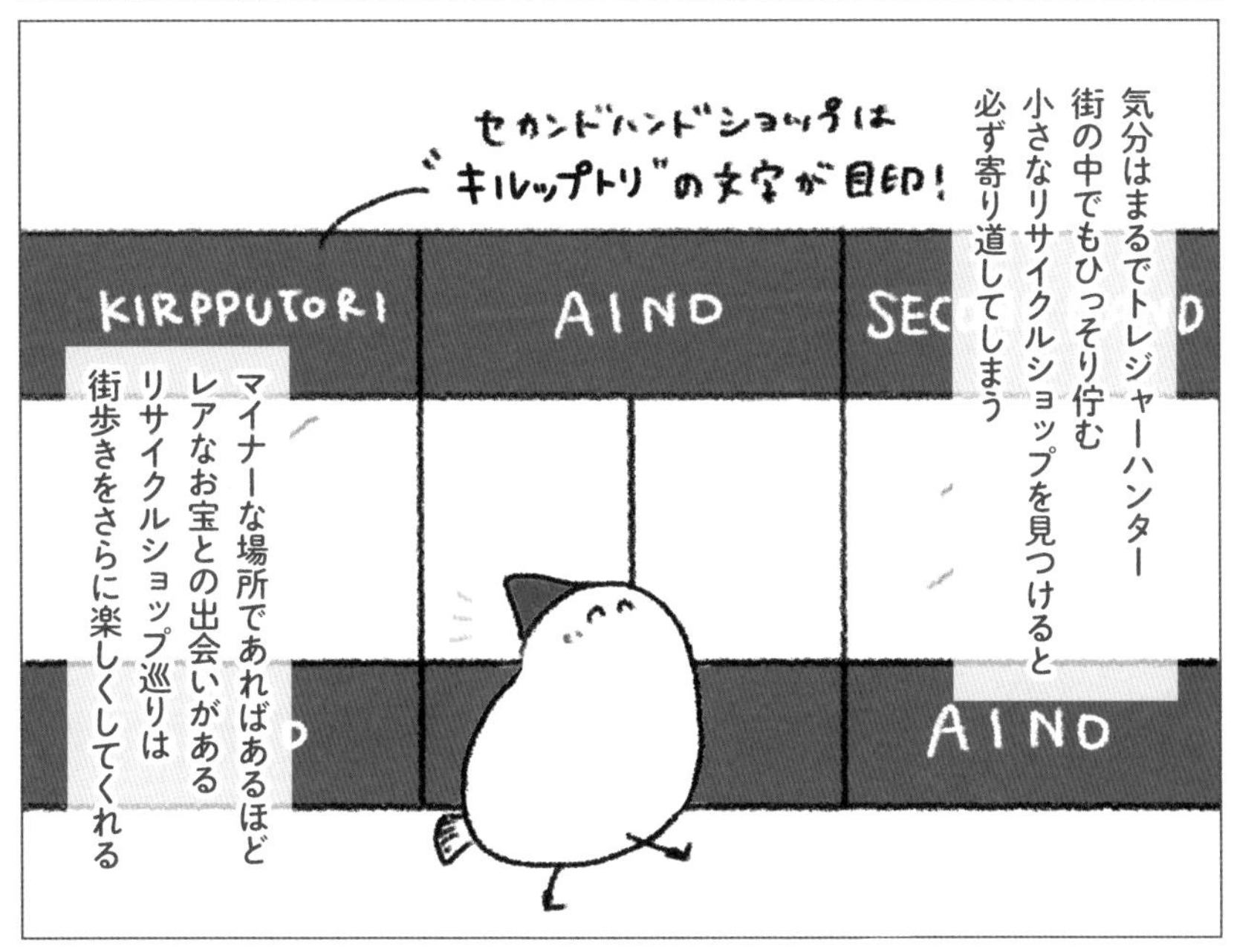
気分はまるでトレジャーハンター
街の中でもひっそり佇む
小さなリサイクルショップを見つけると
必ず寄り道してしまう
セカンドハンドショップは
"キルップトリ"の文字が目印!
KIRPPUTORI
AIND
AIND
マイナーな場所であればあるほど
レアなお宝との出会いがある
リサイクルショップ巡りは
街歩きをさらに楽しくしてくれる

フィンランドならではのアウトドア用品を手に入れる

フィンランドに行くと必ず訪れる
アウトドアショップが2店舗ある
スカンジナビアン アウトドア
SCANDINAVIAN
OUTDOOR
#LIFEOUTDOORS
PARTIOAITTA
パルティオアイッタ
2つのショップは向かい合わせなので
一気にハシゴして買い物ができる

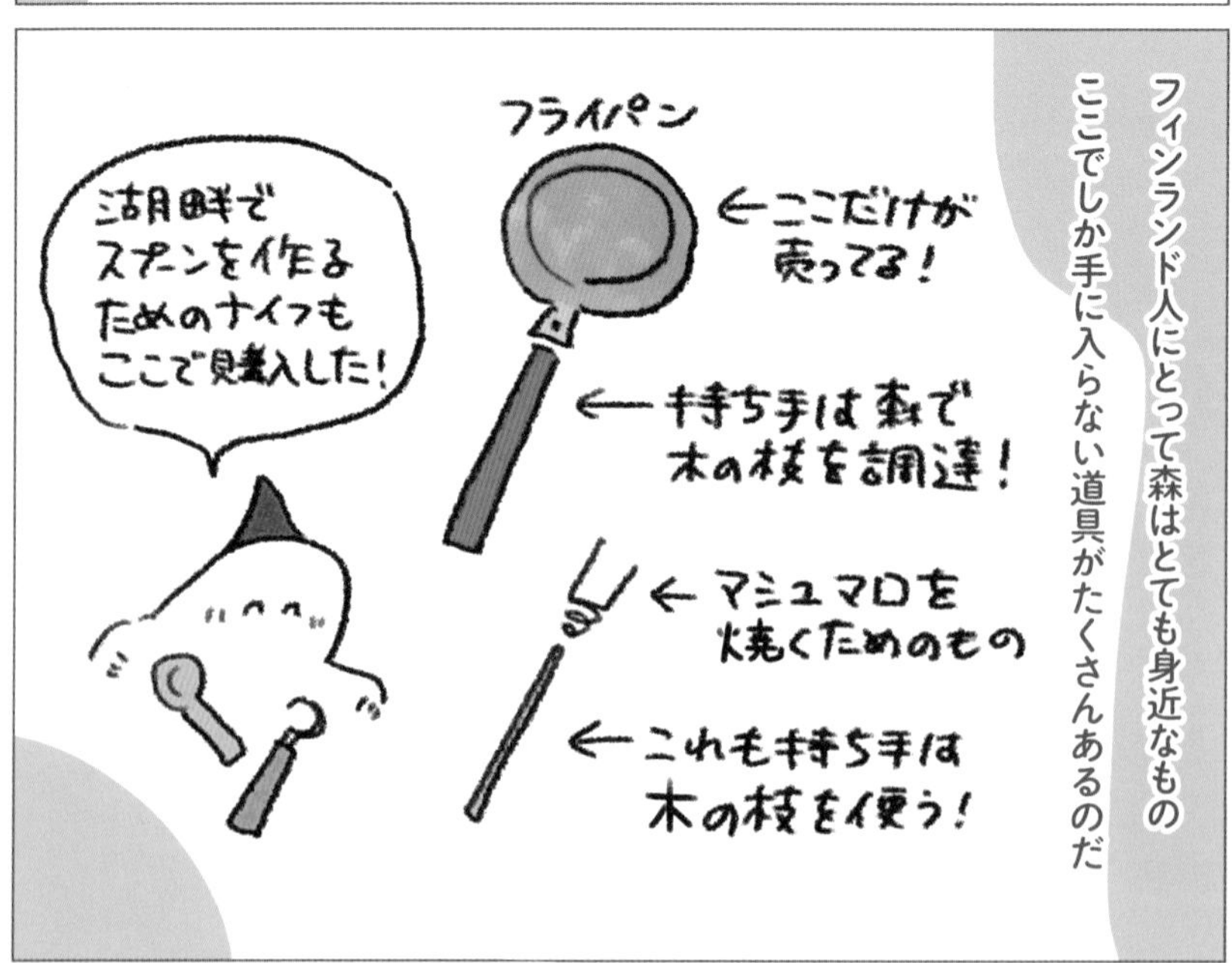
フィンランド人にとって森はとても身近なもの
ここでしか手に入らない道具がたくさんあるのだ
フライパン
←ここだけが
売ってる！
←持ち手は森で
木の枝を調達！
←マシュマロを
焼くためのもの
←これも持ち手は
木の枝を使う！
湖畔で
スプーンを作る
ためのナイフも
ここで購入した！

ここでは贈られた人は幸せになると言い伝えのある
ククサという木製のカップも買うことができる
樹脂素材のカップもアウトドアには最適だ
白樺のコブで作られる
伝統工芸品ククサ
使いやすくて
おすすめ!!
木目もリアル！KUPILKA(クピルカ)のククサ風
樹脂素材カップ

さらに隣国 スウェーデンのアウトドアブランド
フェールラーベンの品揃えもハンパない…！
日本未発売の品物がずらりと並ぶ…
あったかセーター
ポーチ類
買うッ！！
KANKENも
すごい種類ある！
森と湖の国フィンランドだからこそ
手に入るアイテムに うっとりするのが幸せだ

世代を超えて長く愛されるヴィンテージ食器に魅了される

フィンランド人の家に行くと
必ず家族から譲り受けた食器がある
アラビアのブランドの
ヴィンテージ食器だね
家族から受け継いだ
食器なんだ〜
何十年も飽きのこない北欧デザインと
その家で長年愛された食器には
何ともいえない味がある

そんな北欧の〝世代を超えてものを大切にする〟文化に
感動した私は26歳の時に
北欧ヴィンテージ食器のバイヤーに
なることにした
開業申請を出し・・・
WEBショップを作り・・・
カタタタッ
dill+というショップでした
唐突ッ
北欧のヴィンテージ食器を世界中から買い付けた・・・！

バイヤーを卒業した後もフィンランドに行くと
ヴィンテージ食器を探してしまう
おすすめはFasaani Antiikki Helsinki（ファンサーニ アンティーッキ ヘルシンキ）というお店
Liike on avoinna.
TERVETULOA!
HELSINKI Secondhand
すごい
フィンランド人の友人が教えてくれたお店
家具 服 食器までいろんなものたちが集まる！
バイヤー時代の癖で
専門店よりもセカンドハンドショップで
掘り出し物を探すのが好きだ

そして私自身も
祖父母から受け継いだものを
より一層愛おしく思うようになった
じいじが岩手を旅行した時に買って大事にされてきた南部鉄器…
フィンランドで学んだステキなことが
日本に帰ってからも自分の大切にしたい
〝ルーティン〟として息づいているのだ

レアなアイテムが見つかる蚤の市が好きだ

北欧アイテムの掘り出しものを探す時
もう1つ大好きなのが夏のKirpputori（キルップトリ）だ
モイ！
Kirpputoriはフィンランド語で「蚤の市」
5月から9月にかけて多く開催される

毎回行くのはHakaniemi Market Hall（ハカニエミ マーケット ホール）という市で
ヘルシンキ中央駅からメトロで10分
お店では見かけない
今はなきマリメッコの
グッズも多く見つかる
天国!?
地上に出ると広場いっぱいに広がる蚤の市…
見るだけでテンションが上がってしまう

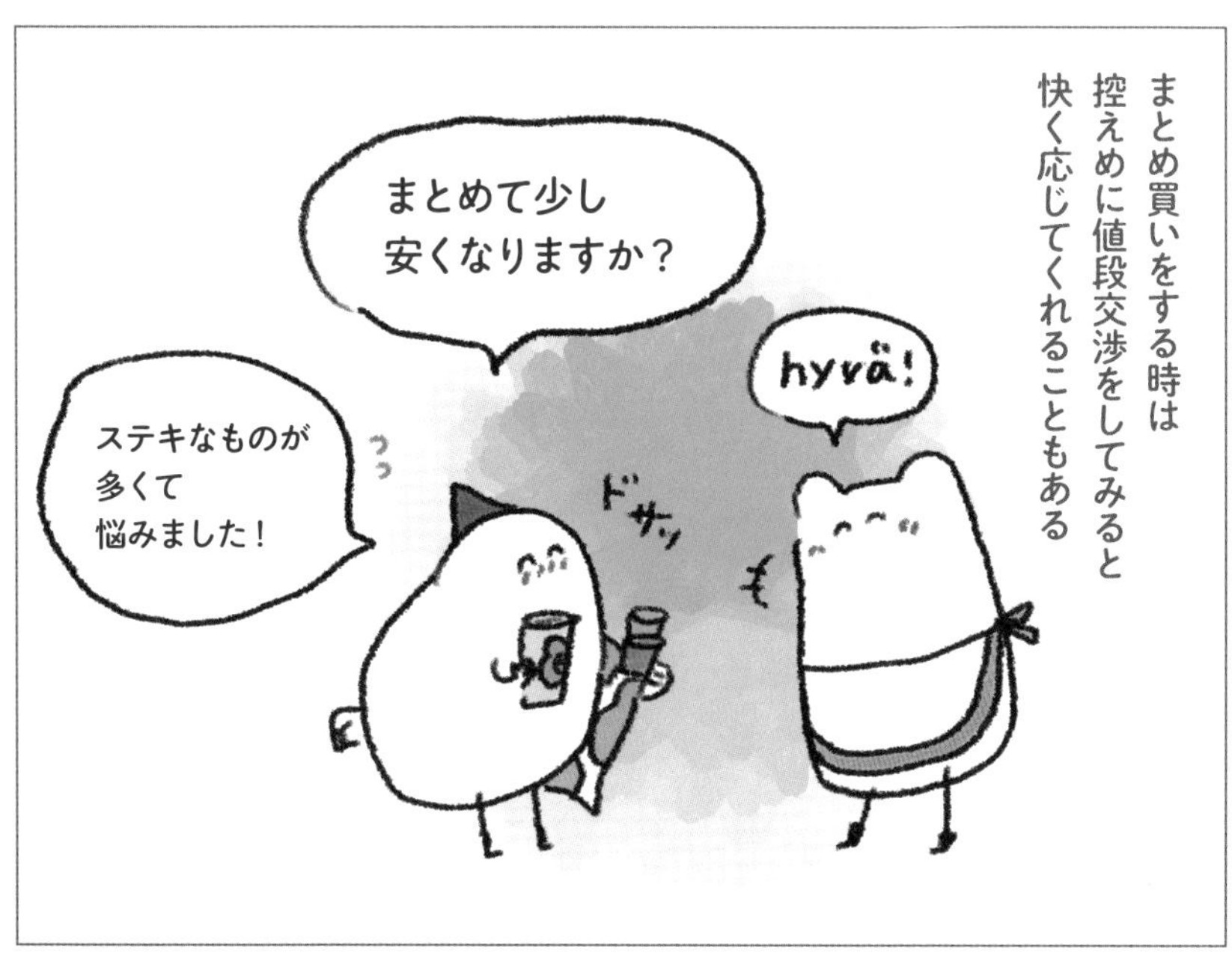
まとめ買いをする時は
控えめに値段交渉をしてみると
快く応じてくれることもある
まとめて少し
安くなりますか？
hyvä!
ステキなものが
多くて
悩みました！
ドサッ

そのマリメッコのピッチャー
私もお気に入りだったの！
楽しんでね
kiitos!
kiitos!!
大事にします！

こうして手に入れたものは
まるで前の持ち主からもらったバトンのようで
何倍も愛着が増すのだった

生活を彩る北欧ブランドの食器に憧れる

フィンランドを代表するテーブルウェアブランド
iittala（イッタラ）とarabia（アラビア）
iittala
iittala
エスプラナーディ通りに
イッタラ アラビアの
直営店がある！
日照時間の短いフィンランドの冬でも
気持ちが休まる心地のよいデザインが特徴だ

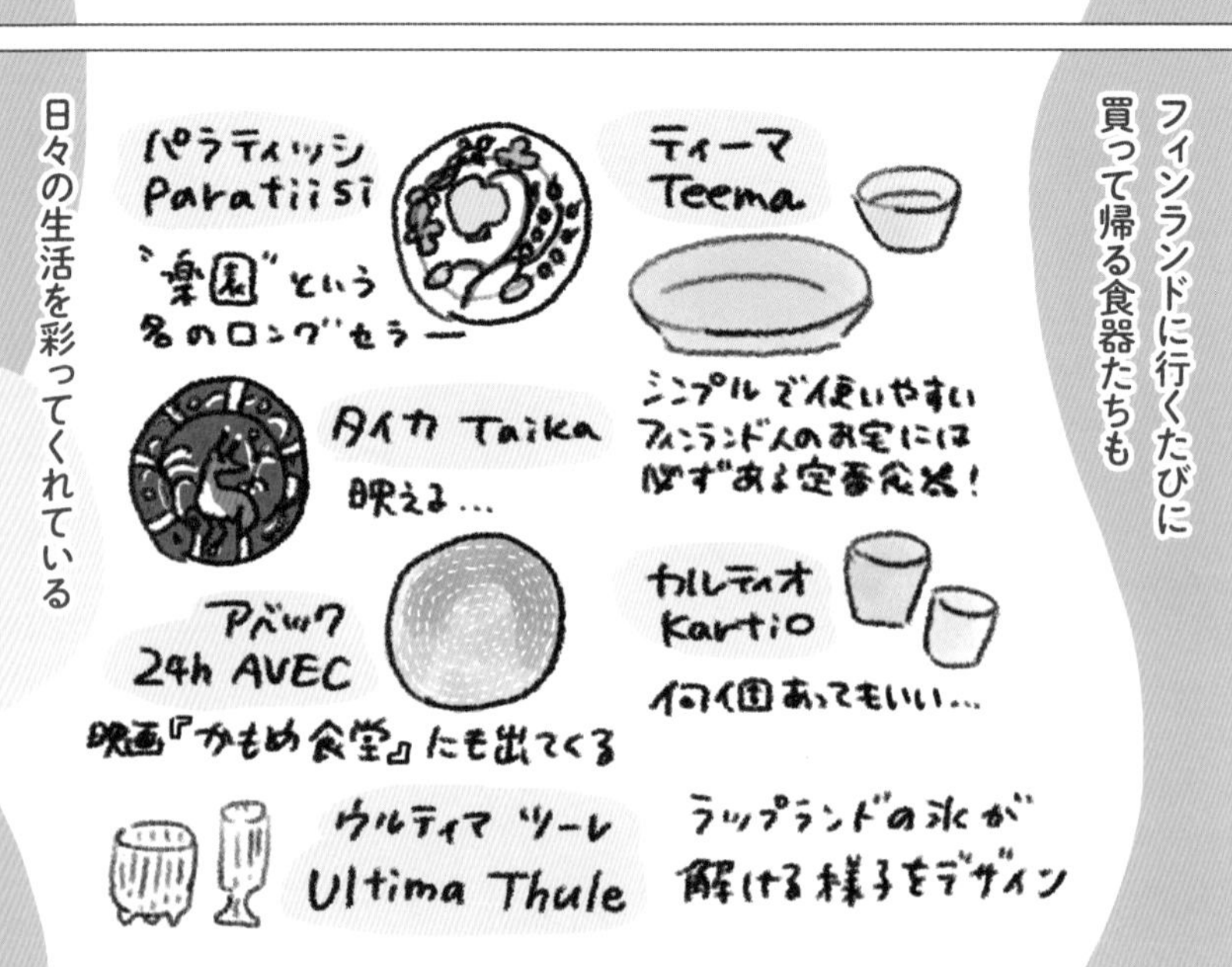
フィンランドに行くたびに
買って帰る食器たちも
ティーマ
Teema
シンプルで使いやすい
フィンランド人のお宅には
必ずある定番食器！
パラティッシ
Paratiisi
"楽園"という
名のロングセラー
タイカ Taika
映える…
カルティオ
Kartio
何個あってもいい…
アベック
24h AVEC
映画『かもめ食堂』にも出てくる
ラップランドの氷が
解ける様子をデザイン
ウルティマ ツーレ
Ultima Thule
日々の生活を彩ってくれている

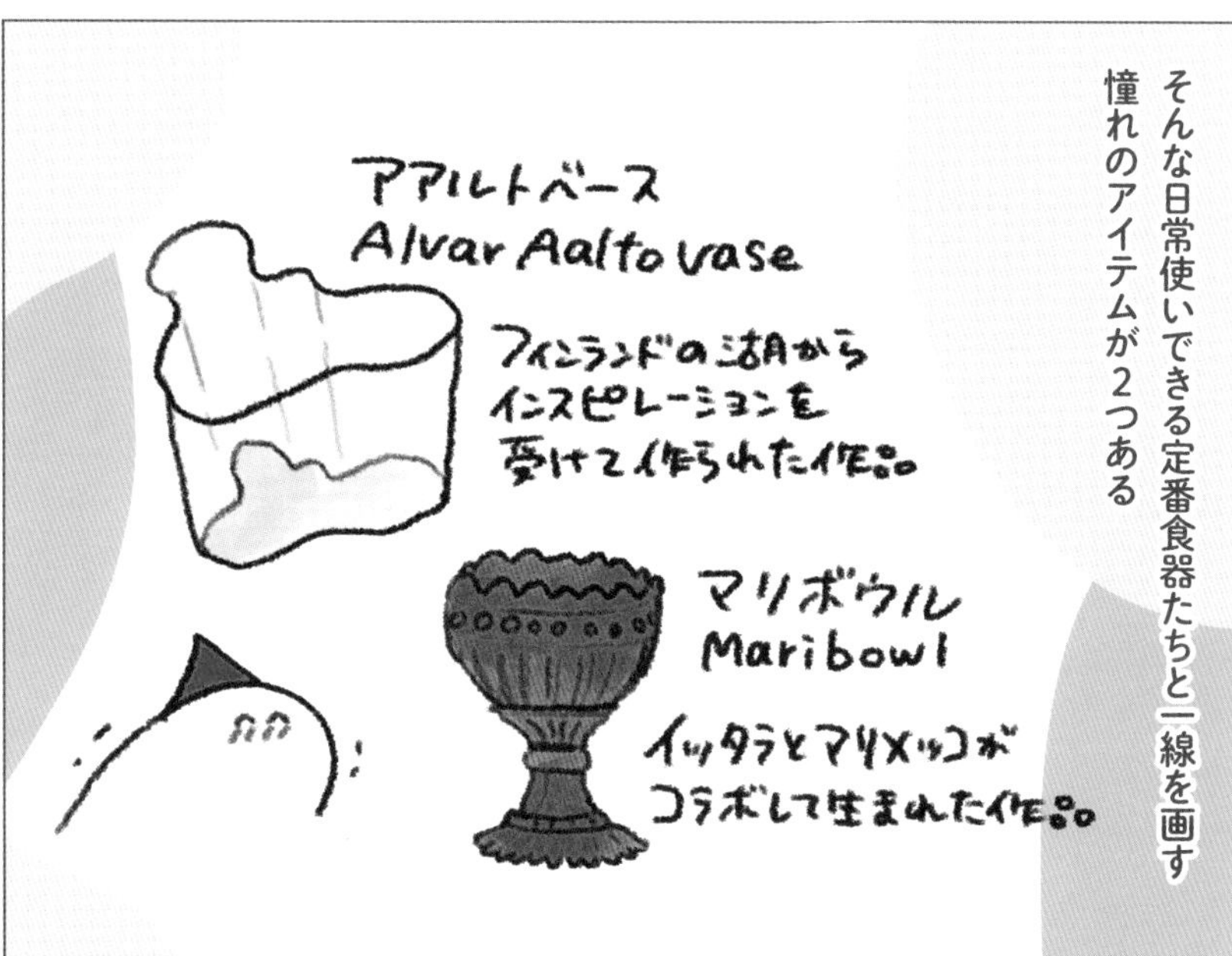
そんな日常使いできる定番食器たちと一線を画す
憧れのアイテムが2つある
アアルトベース
Alvar Aalto vase
フィンランドの湖から
インスピレーションを
受けて作られた作品
マリボウル
Mari bowl
イッタラとマリメッコが
コラボして生まれた作品

少し値の張る2つのアイテムは
特別だからこそ買い時を吟味する
今年はいい年だったから
マリボウルを
お迎えしよう…！

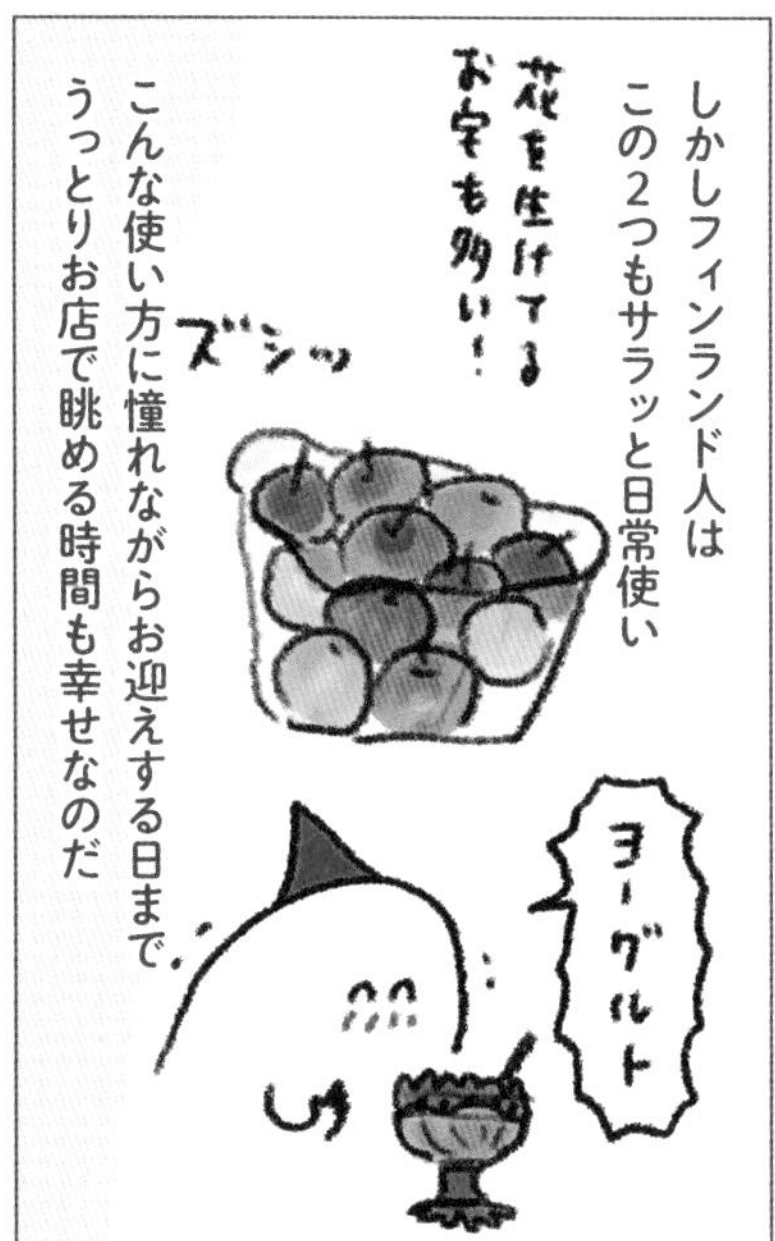
しかしフィンランド人は
この2つもサラッと日常使い
花を生けてる
お宅も多い！
ズシッ
ヨーグルト
こんな使い方に憧れながらお迎えする日まで
うっとりお店で眺める時間も幸せなのだ

フィンランドの国民的ハサミを手に入れる

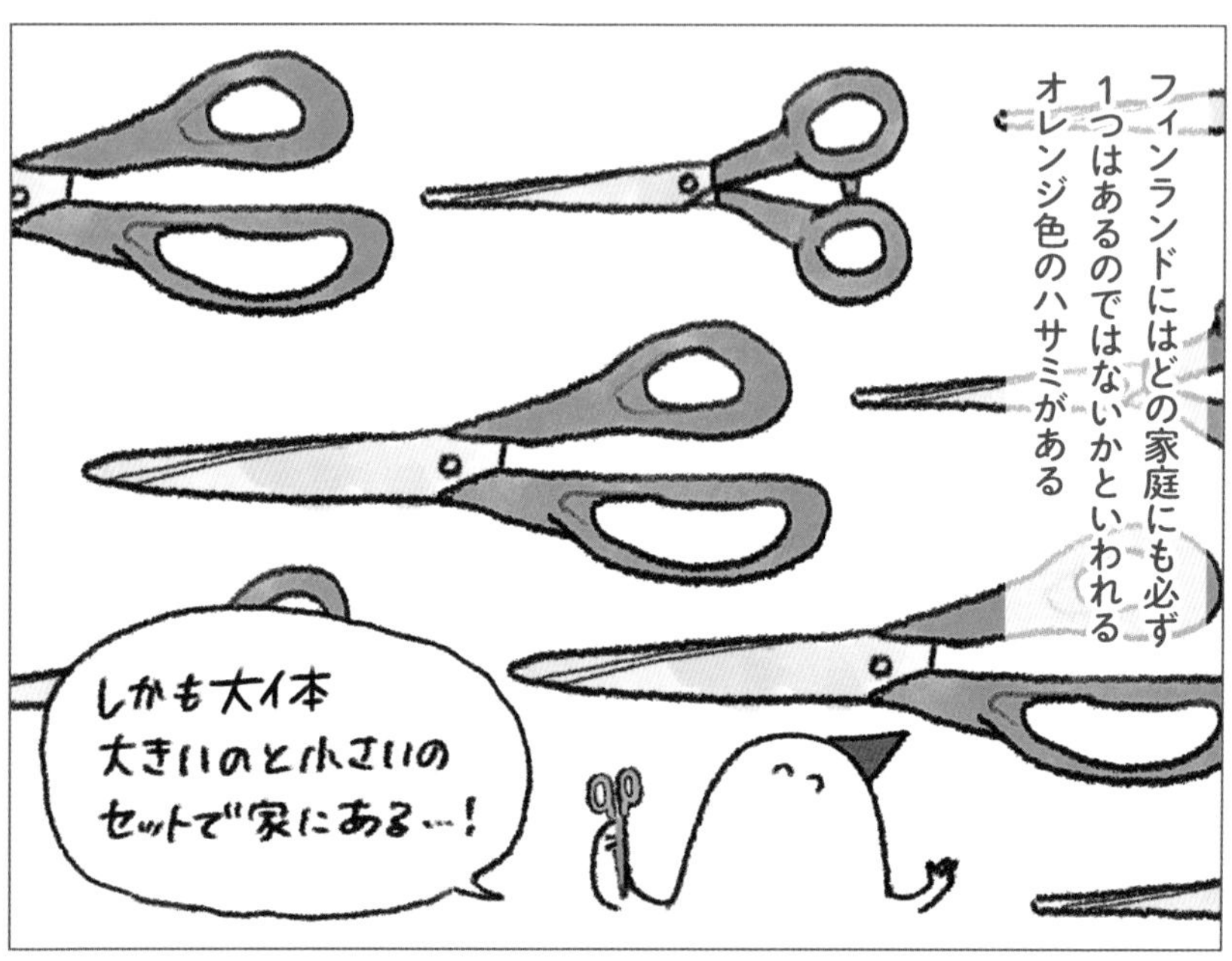
フィンランドにはどの家庭にも必ず
1つはあるのではないかといわれる
オレンジ色のハサミがある
しかも大体
大きいのと小さいの
セットで家にある…！

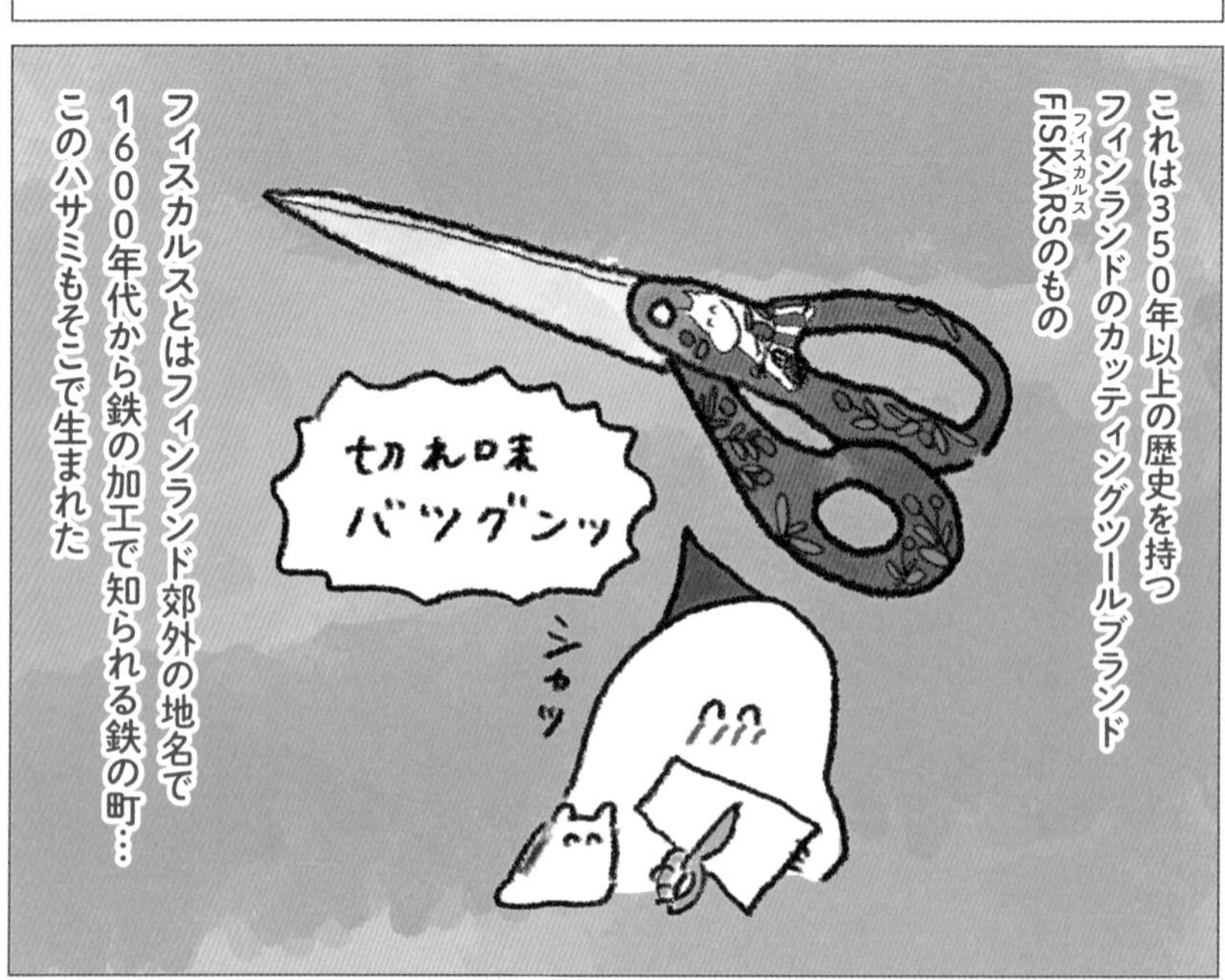
これは350年以上の歴史を持つ
フィンランドのカッティングツールブランド
FISKARS(フィスカルス)のもの
フィスカルスとはフィンランド郊外の地名で
1600年代から鉄の加工で知られる鉄の町…
このハサミもそこで生まれた
切れ味
バツグンッ
シャッ

デパートのSTOCKMANN（ストックマン）に行くと
ハサミだけでなく包丁やフライパンなど
生活に身近なフィスカルス用品が手に入る

お土産として
フィスカルスの製品を買うことも多い

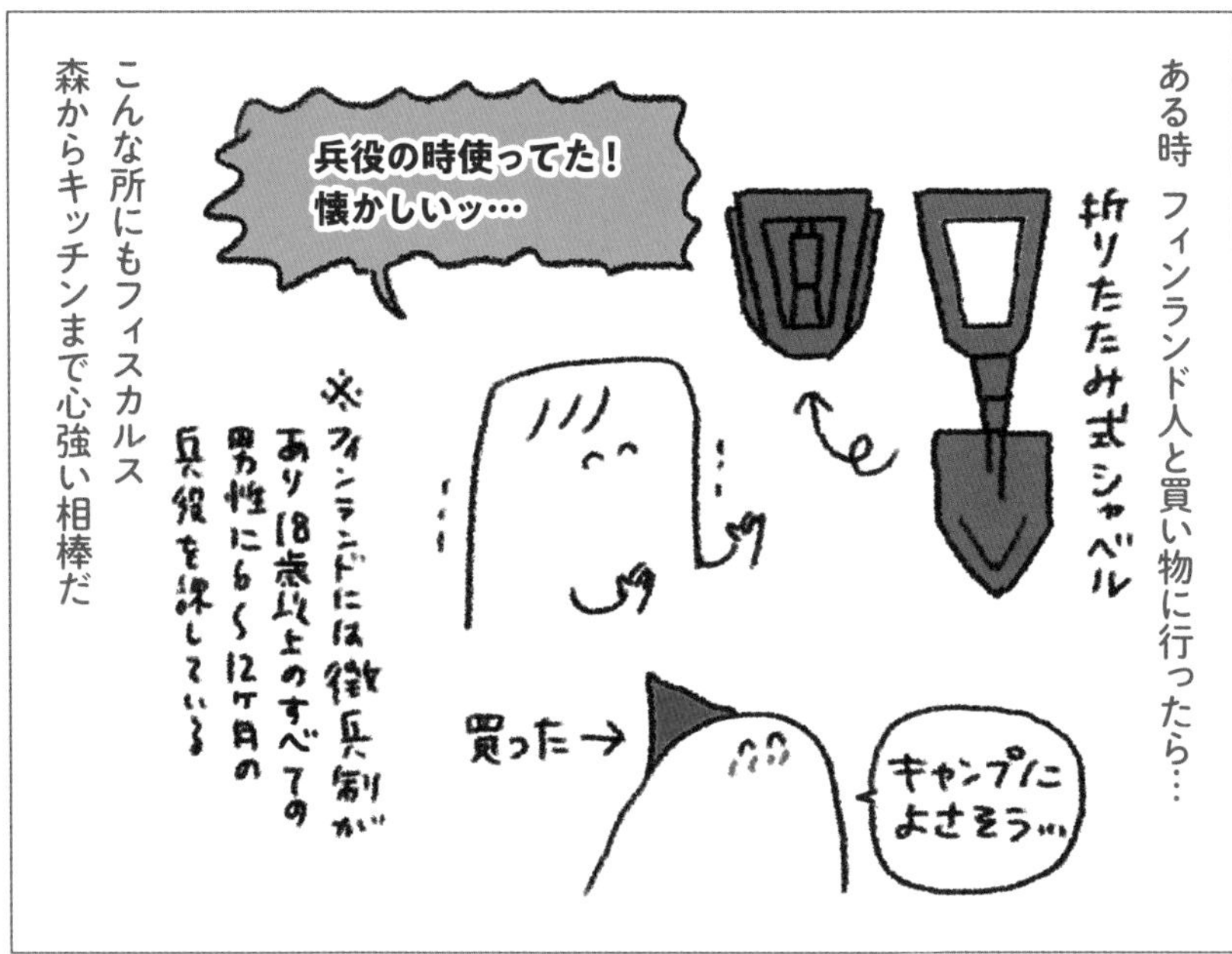
ある時　フィンランド人と買い物に行ったら…
折りたたみ式シャベル
兵役の時使ってた！
懐かしいッ…
キャンプによさそう…
買った→
※フィンランドには徴兵制があり18歳以上のすべての男性に6〜12ケ月の兵役を課している
こんな所にもフィスカルス
森からキッチンまで心強い相棒だ

フィンランドで買ったエコバッグを愛用している

フィンランドのスーパーやデパートでは
その店オリジナルのエコバッグが売られている
S-marketのエコバック
シンプル
大容量
キャラクターも！
かわいいッ
買うッ
もう家に
何個もあるよ…
値段もお手頃で
見つけるとついつい買ってしまう

フィンランドはエコの国といわれているが
確かにずっと前からみんなマイバッグ派だ
一番よく見るのはマリメッコの
ノベルティバッグ
好きなアーティストの。
僕はコレ！
メタルッ！

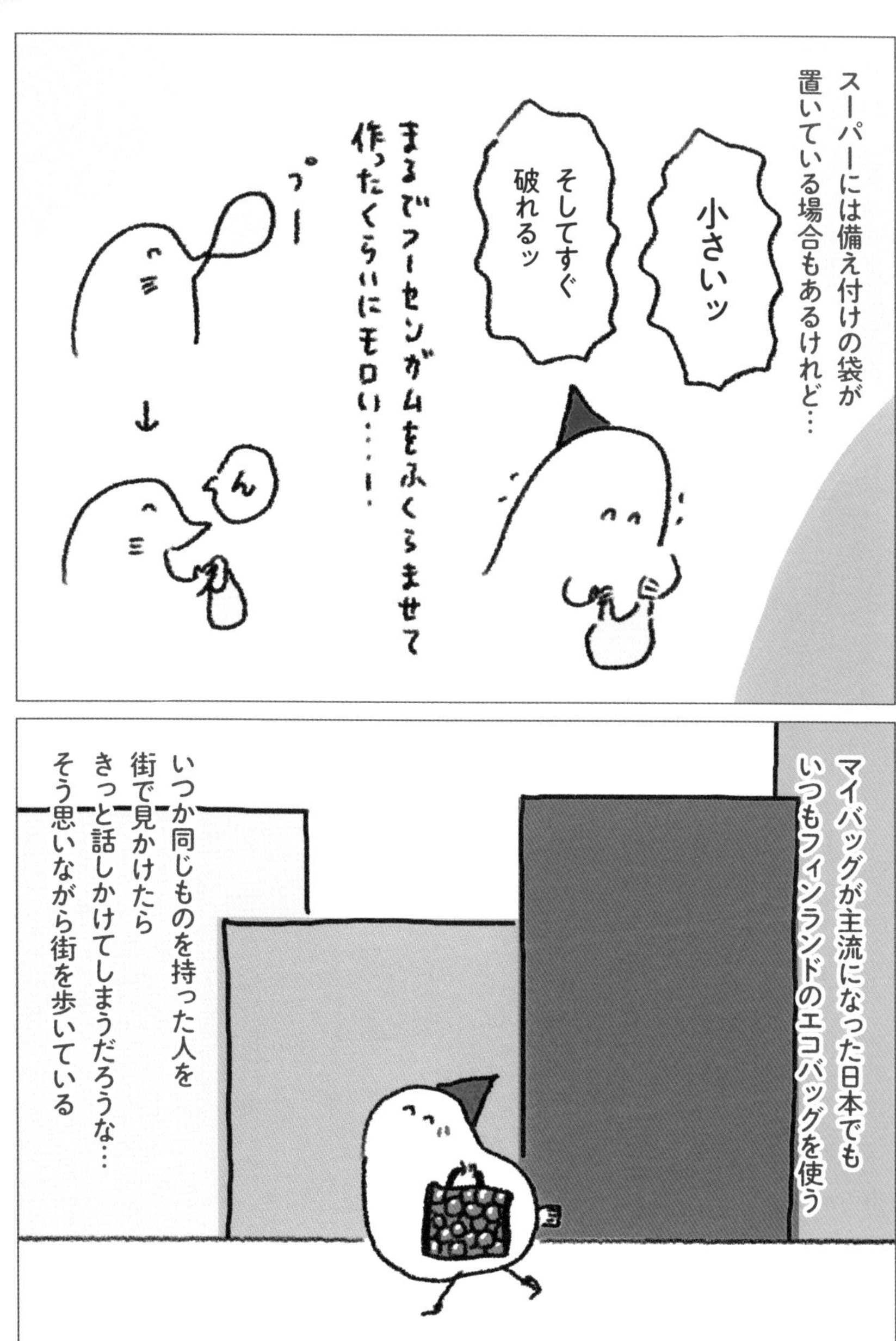
スーパーには備え付けの袋が
置いている場合もあるけれど…
小さいッ
そしてすぐ
破れるッ
まるでフーセンガムをふくらませて
作ったくらいにモロい……！
プー
ん
マイバッグが主流になった日本でも
いつもフィンランドのエコバッグを使う
いつか同じものを持った人を
街で見かけたら
きっと話しかけてしまうだろうな…
そう思いながら街を歩いている

フィンランドのデパートにはサウナグッズのコーナーがある

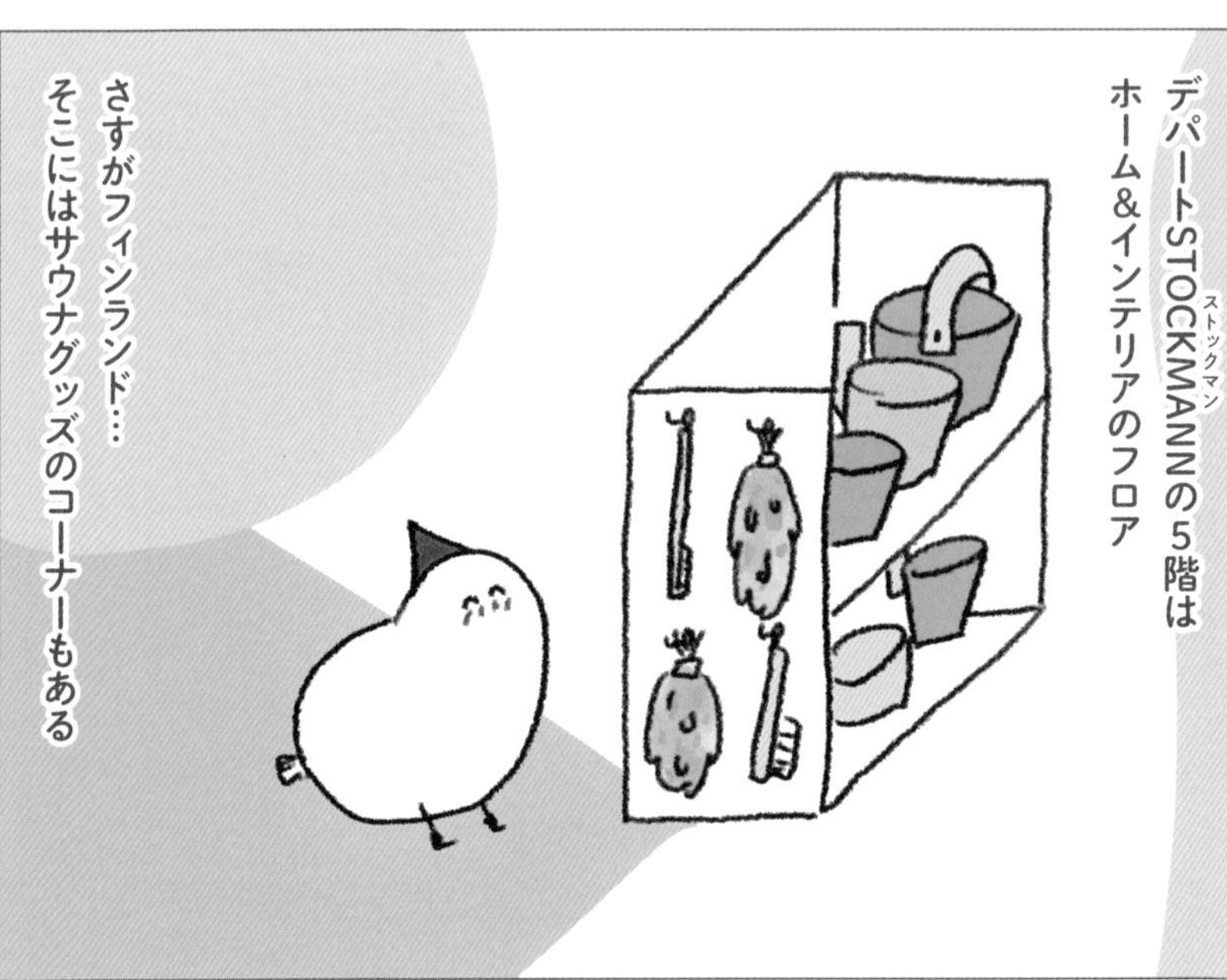
デパートSTOCKMANN（ストックマン）の5階は
ホーム&インテリアのフロア
さすがフィンランド…
そこにはサウナグッズのコーナーもある

温度計やブラシ類に加えて
サウナストーンに水をかけるための
ヒシャクやバケツまである
たくさん種類がある！

さらに薪サウナ用の便利グッズも

薪の持ち運びがしやすいグッズ！

ふふ

フィンランドの薪サウナで必ず見かけるやつだ…！

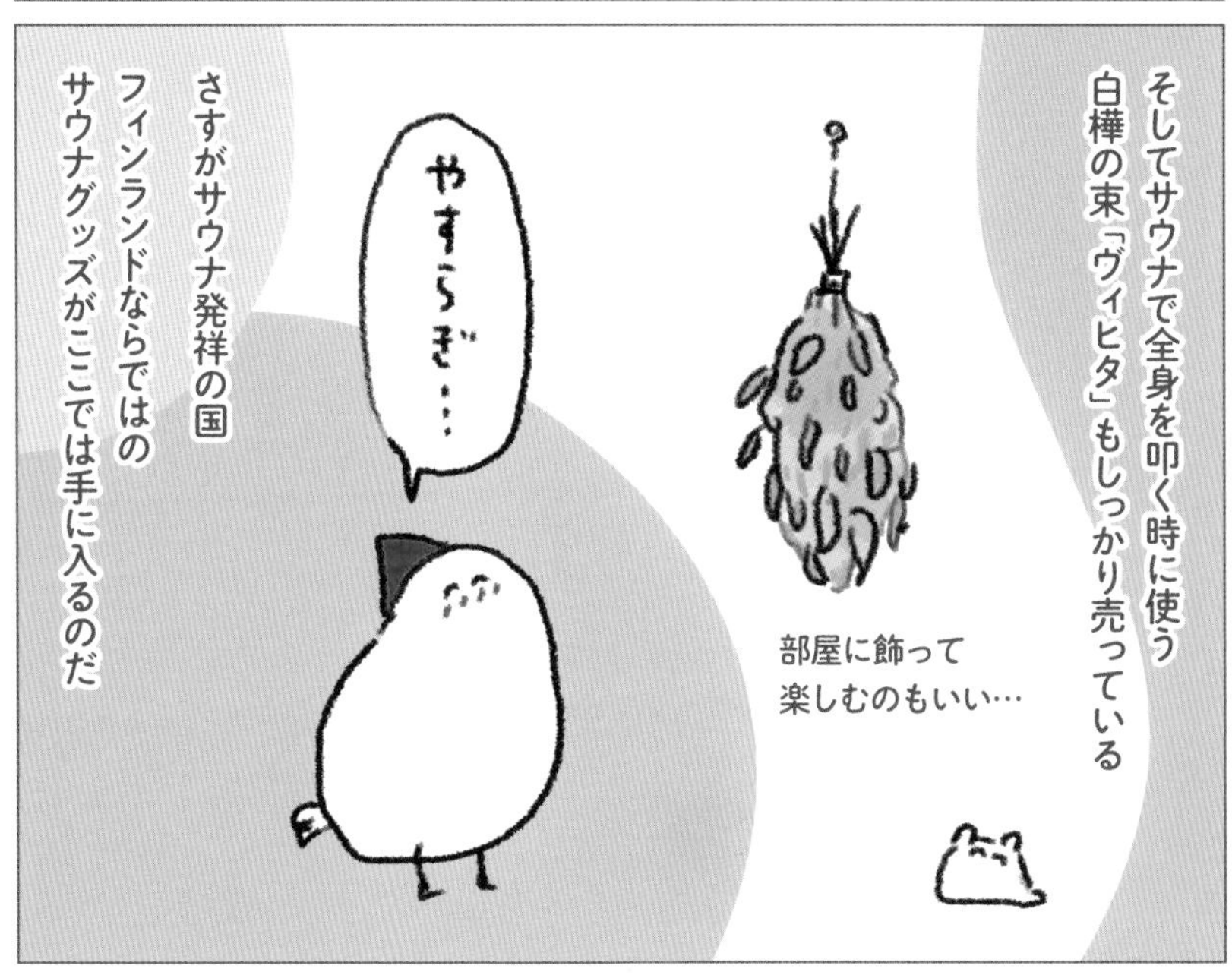
そしてサウナで全身を叩く時に使う
白樺の束「ヴィヒタ」もしっかり売っている
部屋に飾って
楽しむのもいい…
やすらぎ…
さすがサウナ発祥の国
フィンランドならではの
サウナグッズがここでは手に入るのだ

フィンランドの香りを持ち帰る

フィンランドの香りが好きだ
フィンランドのパンから香る
シナモンとカルダモンの
香りも好きだし
フィンランド人の
家の香り(!?)も好きだ…
フィンエアーの機内も
同じ香りがするッ…
そしてある時
フィンランド人のお宅で
出会ってしまった…!
こっ…このハンドソープ
めっちゃいい香りッ!!
はじける
ブルーベリーの
香り!!

買うっ…
それお気に入りで
ずっと
使ってるんだ〜
キ

スーパーで手軽に買えるので
行くたびに買う必需品になった
bliw
MUSTIKKA

ちなみに別の日
こ…
この香り…
ハッ…
洗濯用洗剤

「フィンランド人の香り」の正体が
洗濯用洗剤の香りだと気づき
その洗剤も買って帰った…
フィンランドの
香りがするッ…！！
普段使いのソープを買うと
その国の〝香り〟を持ち帰れていい

フィンランドのキッチン雑貨を買って帰る

ヘルシンキの街角に
Chez Marius(シェ マリウス)という
キッチン雑貨の専門店がある
Chez Marius
KEITTIÖTARVIKKEET
キッチン雑貨好きとしては
ハズすことのできないお店だ

こぢんまりとした店内に
所狭しと並ぶ暮らしの道具たち
訪れているフィンランド人も
料理好きなのだろうか
じっくりと選ぶ姿に
なんだか親近感が湧いてしまう

海外ならではの道具を見つけるのも楽しい
日本ではあまり見ない形のケーキ型
フィンランドの形をしたクッキー型
キッチンタイマー
かわいい…
クッキー型はかわいいものがあるとついつい買ってしまう
かわいいクッキー型！日本で作ろう…
かさばらないし
作るたびに旅のことを
思い出せるステキなアイテムだと思う
こうして自分用のお土産に
普段使いできるキッチン雑貨を買って帰るのも
楽しみの1つだ

フィンランドの大好きな板チョコがある

フィンランドのお菓子メーカー
Fazer（ファッツェル）の板チョコが好きだ
私がこのチョコレートを
好きになったきっかけは
ある夏の日にフィンランド人の友人と
ボートで海に出た時

海に浮かぶボートの上で
おもむろに取り出したのは
Fazerのミルクチョコレート
チョコ食べる？
まあまあ大きい
板チョコ…
日本だとあまり
持ち歩かないサイズ感…！
なんだかそれが妙におかしかった

しかもそのフィンランド人は
チョコをモグモグ食べた
モグモグ
いい食べっぷり…
いつもチビチビ食べる私には
勢いよくなくなるチョコレートも
なんだか楽しかった

Fazerのチョコレートには期間限定の
フレーバーがたくさんある
クリスマスには
ジンジャークッキー入り
Karl Fazer
Since 1891
MADE IN FINLAND
あ！新しいのでてる！
買おっ

なのでフィンランドに行くたびに
何枚もの板チョコを
買って帰ることになる
モグモグ
モグモグ
もちろん　あっという間になくなる
このチョコレートだけは
モグモグ食べるのがマイルールだ

スーパーでハーブとスパイスを探す

フィンランドに行くと必ず
スーパーマーケットの
ハーブ＆スパイスコーナーに立ち寄る

私がいつも買うのは
この3つだ
スーパーで買えるスパイスたちご
ピルッカ
Pirkka
シナモンロール用に
粗挽きカルダモン
PIRKKA
KARDEMUMMA
メイラ
Meira
パンやケーキに！
シナモンパウダー
meira
K
KANELI
JAUHETTU
サーモンスープに！
乾燥ディル
meira
T
TILLI
DILL
TILL

カルダモンは粗挽きで
細長いパッケージに入っている
日本だとパウダー状が多くて
粗挽きのカルダモンは
手に入りにくいんだよね
ラブ…

シナモンとディルは日本でも手に入るけれど…
フィンランド語の
パッケージが
かわいいッ
ギュ

キッチンのスパイスコーナーに
フィンランドの瓶を並べてウキウキしている
KPCG
ラテにシナモン
かけてる

毎回必ずお土産に買うお菓子ボックスがある

会社へのばらまき土産にはこのチョコレートとキャンディのセットが定番だけれど…

誰が見てもフィンランドとわかる！
味も安定していて万人受けする！
Pandaのブルーベリーチョコレート
Panda
SUOMI
ムーミンのキャンディ
サッ
サッ
朝早く来てみんなのデスクにセットする…

このムーミンのお菓子詰め合わせボックスも必ず買ってしまう！

12€くらい
MOOMIN
Giftbox
空港の中で買えるよ！

ムーミンのお菓子が6種類ギュッと入っている

1種類ついてくるキャラクターのキーホルダーは開けるまでのお楽しみ

そして中身をひっくり返して
みんなに好きなものを選んでもらう…
お土産です！
好きなの
選んでください
ザーッ
え～！
グミほしい
キャンディー　グミ　キシリトールガムなど
かわいいパッケージでいろいろ入っているので
みんなで選びながらワイワイできていい
かわいい！

そしてもちろんサルミアッキもお土産用に用意する…
あとこれ
フィンランドの
国民的
キャンディ
スッ…
わ～い
あっ…（察し）
去年食べた→

ダバー
！
意外と
イケる…
フィンランド旅の
おすそわけは
みんなの反応を
見るのも楽しい

フィンランドに行くと必ずムーミンマグが増える

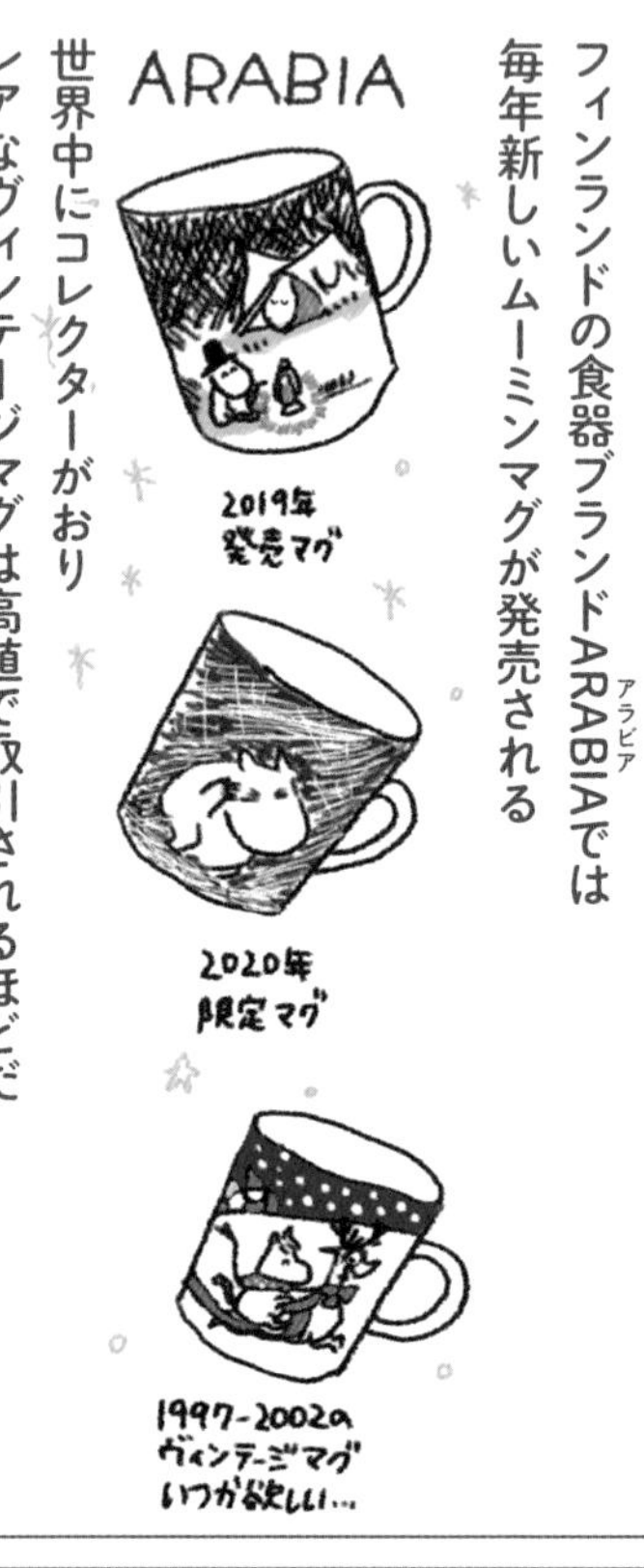
フィンランドの食器ブランドARABIA（アラビア）では
毎年新しいムーミンマグが発売される
ARABIA
世界中にコレクターがおり
レアなヴィンテージマグは高値で取引されるほどだ
2019年発売マグ
2020年限定マグ
1997-2002のヴィンテージマグいつか欲しい…

日本で買うこともできるけれど
その年の思い出にしたくて
フィンランドに行くたびに買うのが
ルーティンに
なっている

マグの数は思い出の数
ねえ… 1人暮らしなのに もうマグが 20個以上 あるよ…
聞こえませんっ…

こうして増えたマグは
毎朝その日の気分で
使いたいものが変わるから
不思議だ
きっと
1個1個に
違った思い出が
宿っているから
だろう…
〝今年はどんなマグと
出会えるのかな〟
そんな楽しみが
アラビアのムーミンマグには
あるのだ
今日は君だっ！

フィンランドで教わったブラウニーを作る

フィンランドのお菓子メーカーFazer（ファッツェル）の
板チョコにはいろんな種類があるけれど…
私はこの製菓用チョコレートを買って帰る
Geisha
Fazer talous suklaa hushållschoklad
あった!!
愛おしき
お菓子用の板チョコ！
赤い色が目印で
スーパーでは普通の板チョコと
同じコーナーに並んでいる

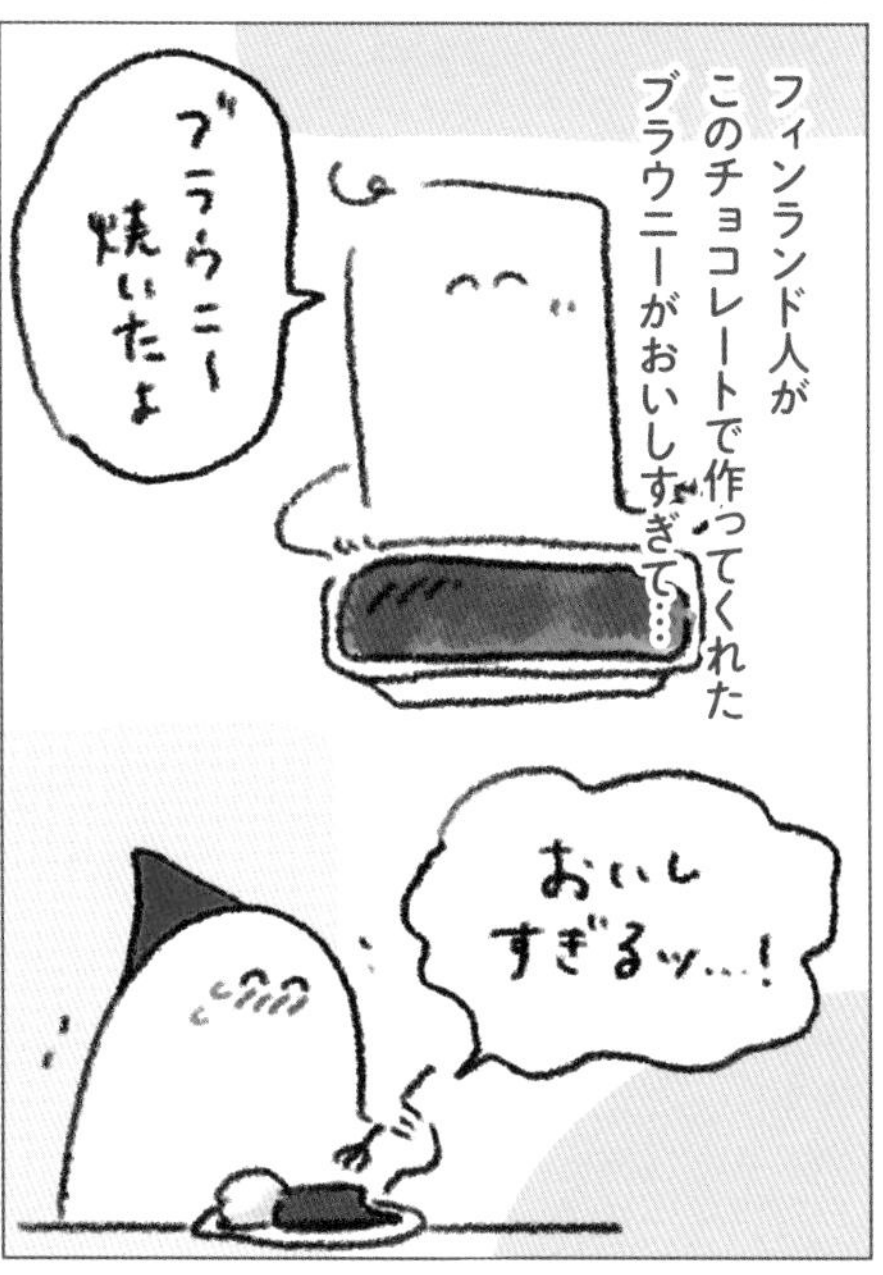
フィンランド人が
このチョコレートで作ってくれた
ブラウニーがおいしすぎて……
ブラウニー
焼いたよ
おいし
すぎるッ…！

それ以来このチョコレートを買って帰り
日本でブラウニーを焼くのが習慣になった
コーヒーによく合うブラウニーをお供に
フィンランドの旅を思い出す
日本に帰ってからも続く
幸せなルーティンだ

カカオから作るホットチョコレートが好きだ

この大きな目玉が目を引く箱の正体は
お菓子メーカーFazer（ファッツェル）のカカオパウダー
お値段も
3€（ユーロ）ちょっとで
200gの
たっぷりサイズ
お菓子作りにも
いい！
Fazer
CACAO
200g

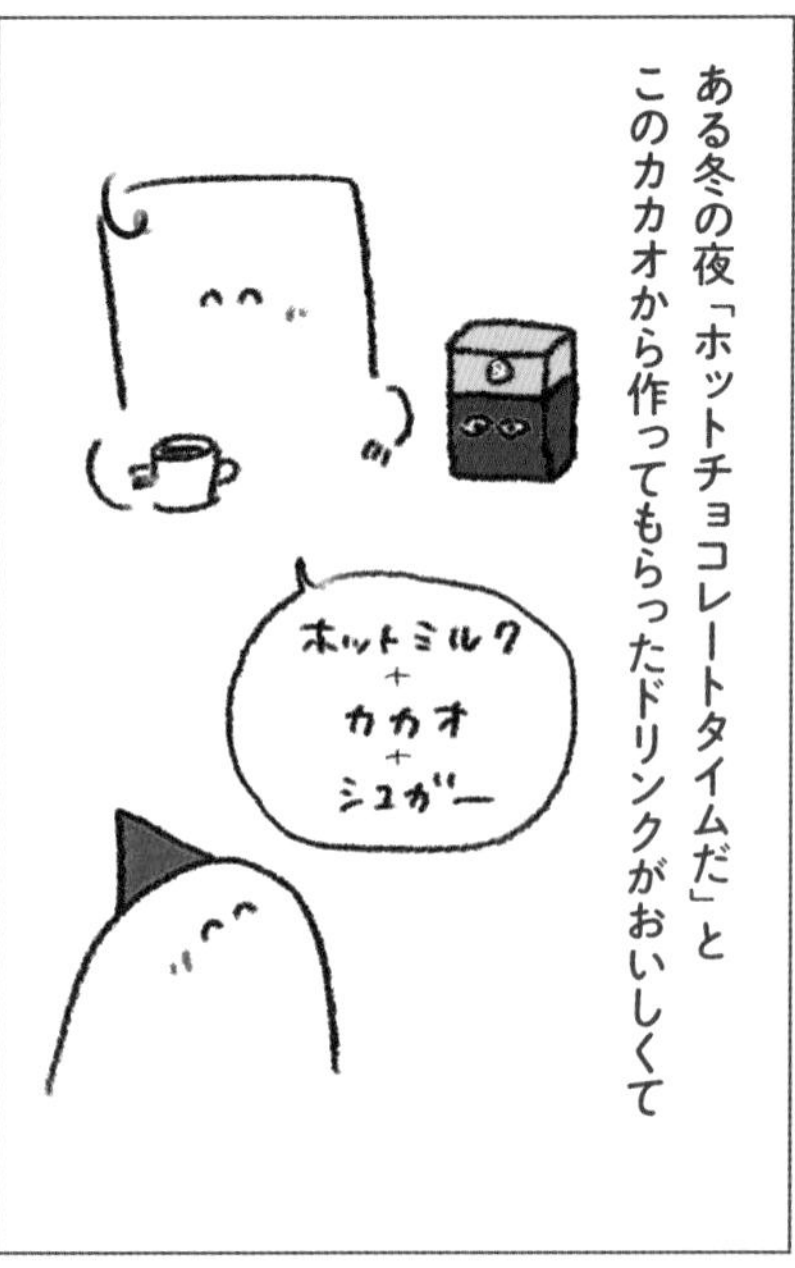
ある冬の夜「ホットチョコレートタイムだ」と
このカカオから作ってもらったドリンクがおいしくて
ホットミルク
+
カカオ
+
シュガー

それ以来この大きな目玉の箱は
必ず日本に連れ帰るようになった
寒い夜に
丁寧に作る
ホットチョコレートは
最高のご褒美だ
濃くて
おいしい…
ほっ…

キシリトールガムはハズせないお土産だ

フィンランドの名産品として
忘れてはならないものがある…
フィンランド発祥の
キシリトール!
コンビニにも
キシリトールガムがずらり!
JENKKI
国土の70%を森が占めるフィンランド
中でも代表的な木である白樺から
このキシリトールを採ることができる

ムーミンのキシリトールシリーズは
お土産にも毎回買う必需品だ
ガムはもちろん
Xylimax
Xylimax
歯磨き粉も!
OXYGENOL

ただし…
固くて…無味…
クチャクチャクチャクチャ
ガムの味と持ちは
保証しない
歯にはよいっ

Column 5

Airbnbを使ってフィンランドで暮らすように旅する

Airbnbとは
空き部屋を貸したいホストと
部屋を借りたいゲストを
繋ぐウェブサービス

フィンランド旅の時は
大体Airbnbを使う

略して
"エアビー"

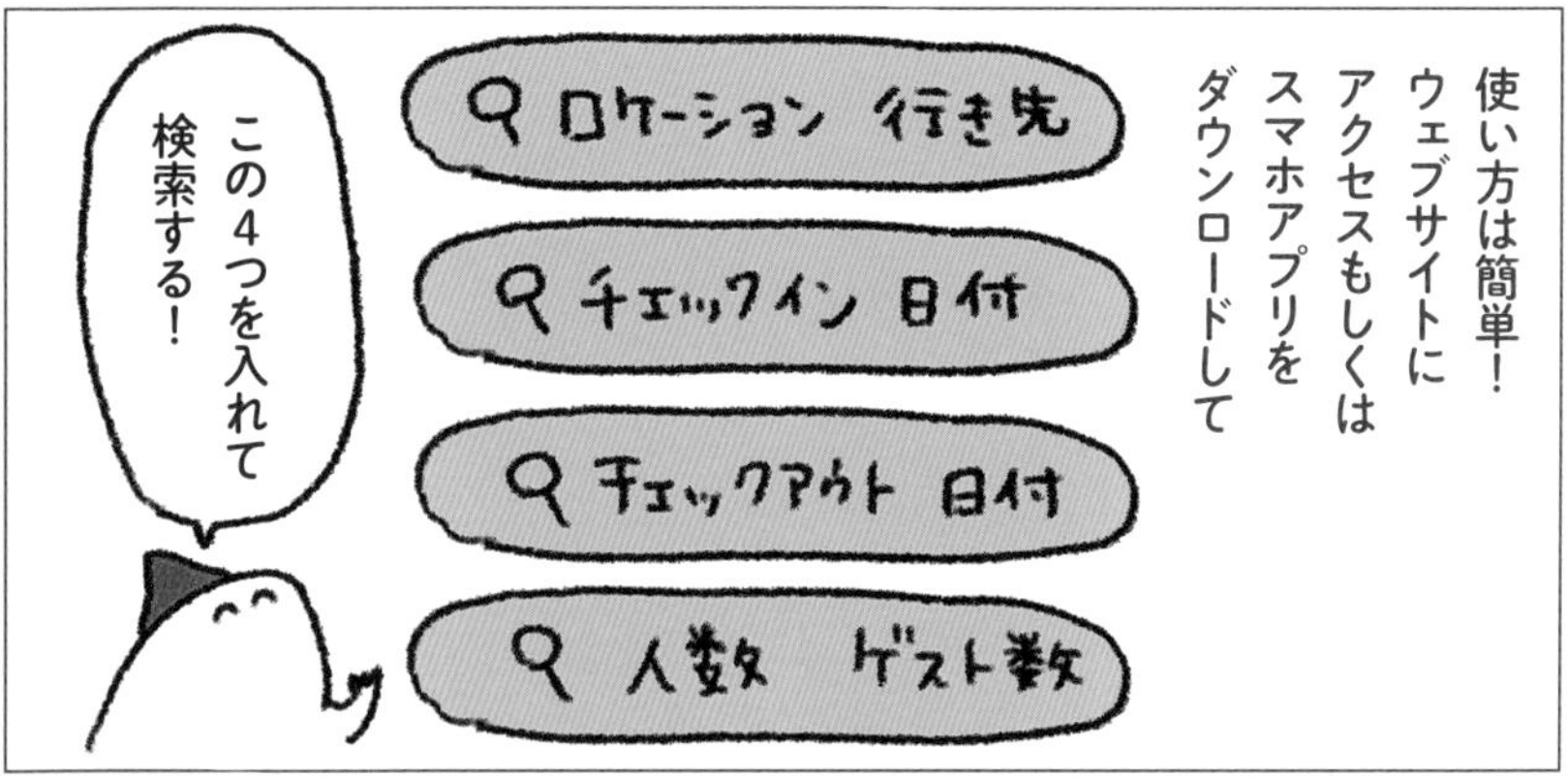

使い方は簡単！
ウェブサイトに
アクセスもしくは
スマホアプリを
ダウンロードして

ロケーション　行き先
チェックイン　日付
チェックアウト　日付
人数　ゲスト数

この4つを入れて
検索する！

するとレンタル可能な
スペースが表示される

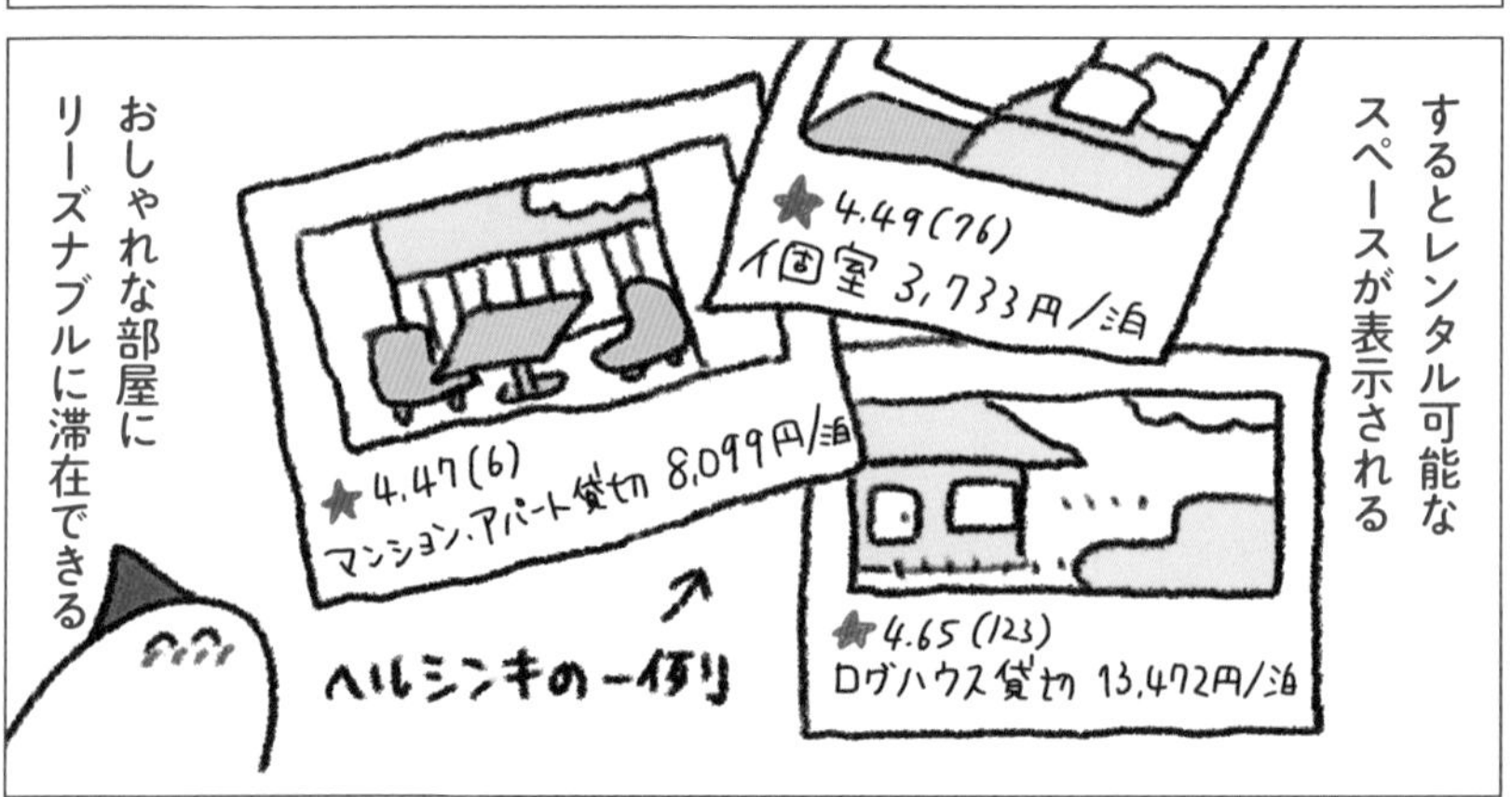
4.49(76)
1個室 3,733円／泊
4.47(6)
マンション・アパート貸切 8,099円／泊
4.65(123)
ログハウス貸切 13,472円／泊
ヘルシンキの一例

おしゃれな部屋に
リーズナブルに滞在できる

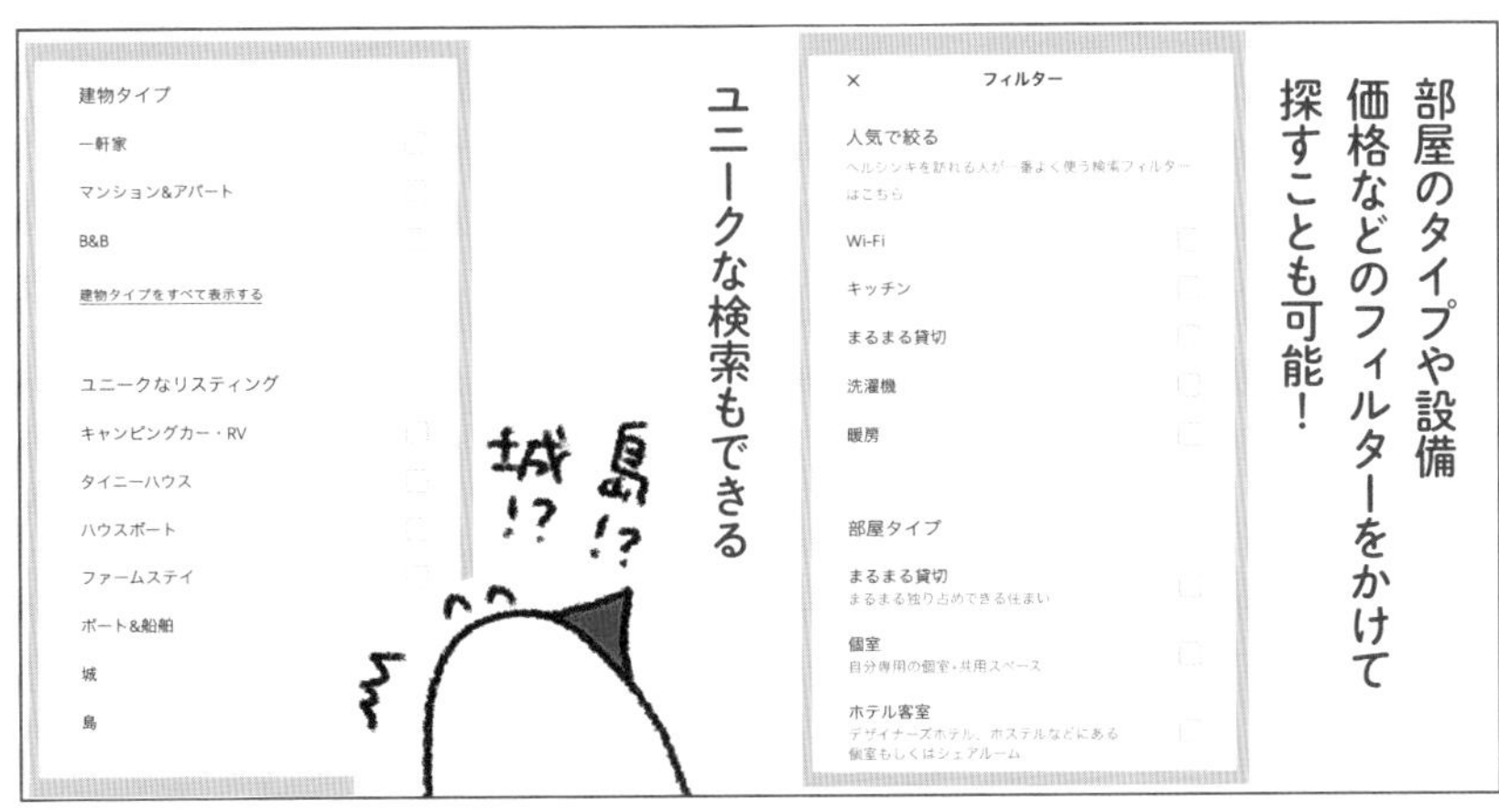
部屋のタイプや設備
価格などのフィルターをかけて
探すことも可能！
× フィルター
人気で絞る
ヘルシンキを訪れる人が一番よく使う検索フィルターはこちら
Wi-Fi
キッチン
まるまる貸切
洗濯機
暖房
部屋タイプ
まるまる貸切
まるまる独り占めできる住まい
個室
自分専用の個室+共用スペース
ホテル客室
デザイナーズホテル、ホステルなどにある個室もしくはシェアルーム
ユニークな検索もできる
島!?
城!?
建物タイプ
一軒家
マンション&アパート
B&B
建物タイプをすべて表示する
ユニークなリスティング
キャンピングカー・RV
タイニーハウス
ハウスボート
ファームステイ
ボート&船舶
城
島

借りたい場所を決めたら
サイトかアプリ内で事前支払い
するとホストから
チェックインの方法などについて
メッセージが届く
Hello, Thank you for choosing us!
日本語に翻訳する
12日の13:00に
コテージに着く予定です。
ホストからは英語でメッセージが来るけど
サイト内には翻訳機能もあるので安心

大体現地で
ホストから鍵を受け取り
部屋の説明を受ける
何か困ったことがあれば
いつでも
メッセージちょうだい！
Kiitos!
旅先に自分の家ができる…
そんな一味違った
旅の体験なのだ

Hyvää!

SAUNA
JALOSTAJA
IPA

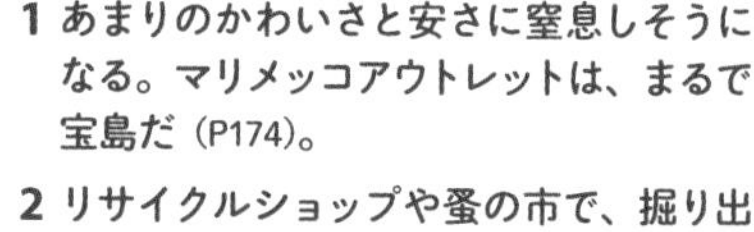

1 あまりのかわいさと安さに窒息しそうになる。マリメッコアウトレットは、まるで宝島だ（P174）。

2 リサイクルショップや蚤の市で、掘り出し物の北欧ヴィンテージに出会うとドキドキする（P184）。

3 ちょっぴり特別なマリボウルは、いいことがあった年の記念として買うことにしている（P192）。

4 かわいいお菓子の包み紙は、帰国後も缶バッチにして愛で続ける……！（P156）

5 コテージに着いたら、空っぽの冷蔵庫をいつもの定番たちでいっぱいにするのが楽しい（P160）。

6 いつもの部屋に、フィンランドで買ったアイテムが馴染むと、毎日嬉しい気持ちになる（P176）。

フィンランド情報

フィンランドに行く時、参考にしてほしいことをまとめてご紹介！

フィンランドについて

正式名称
フィンランド共和国（スオミ共和国）

首都
ヘルシンキ

フライト時間
実は日本から一番近いヨーロッパ。
直行便だと約9時間30分！

人口
551万人（北海道とほぼ同じ）

面積
33万8,400km²（日本とほぼ同じ）

自然
フィンランドは自然豊かな国で、国土の68%が森で、10%が湖沼と河川。高い山は少なく、最高峰でも1,324mで、森の中も明るい印象。

言語
公用語はフィンランド語とスウェーデン語。
ほとんどの人が英語も話せる。

日本国籍者の入国条件
パスポート…出国時に3ヶ月以上の残存有効期間が必要。
ビザ…6ヶ月間で90日以内の観光であればビザは不要。

通貨
€／ユーロ（1€=129円 ※2021年8月現在）
ほとんどの店でクレジットカードが使用できる。私が旅行中に硬貨を使うのは、駅のトイレ（1€）とコインロッカー（1日4€～）使用時のみ。

物価
およそ旅した感覚では、水1€、コーヒー3€、ランチ10€、ディナー20€、缶ビール2€、バーの生ビール7€ほど。チップは不要。

時差
日本の－7時間（3月の最終日曜～10月の最終日曜はサマータイムとなり、－6時間になる）

ビジネスアワー
ショップは月～金曜の9～18時、土曜は9～14時頃で、日曜は休みのお店が多い。最近は遅くまで営業しているお店も多いけれど、お目当てのお店やマーケットの営業時間は事前にチェックしておくと◎。

飲料水
水道水を飲んでも問題ないけれど、心配な場合は飲料水を買おう。

電圧とプラグ
日本と異なり220/230V、50HZ。
プラグは丸2ピンのCタイプ。

トイレ
商業施設や観光施設には公衆トイレが設置されている。ストックマンデパートのトイレは無料で使用できるけれど、ヘルシンキ中央駅のトイレは有料で1€の硬貨が必要。

空港から市内へ
ヘルシンキ・ヴァンター空港からヘルシンキ中央駅までの移動手段は、鉄道・バス・タクシーがある。

所要時間は30～45分。

気候
ヘルシンキの気温は、夏は25℃前後、冬は－5℃前後。白夜（夏）と極夜（冬）があり、ヘルシンキでも夏は23時頃まで明るく、冬は15時には暗くなる。

ムム…
カナ…
何の料理か
不明だけど
鶏肉の何か
だろうね…

尋ねる

すみません(呼びかけ)
—— Anteeksi アンテークシ

私は〜に行きたいです
—— Haluan mennä〜 ハルアン メンナ〜

〜はどこですか？
—— Missä on 〜？ ミッサ オン〜？

〜はありますか？
—— Onko teillä〜？ オンコ テイッラ〜？

これより大きいのはありますか？
—— Onko teillä isompaa kokoa ？
オンコ テイッラ イソンパー ココア？

これより小さいのはありますか？
—— Onko teillä pienempää kokoa ？
オンコ テイッラ ピエネンパー ココア？

これはいくらですか？
—— Paljonko tämä maksaa ？
パルヨンコ タマ マクサー？

お会計お願いします
—— Saisinko laskun サイシンコ ラスクン

〜を1つ(2つ)ください
—— Yksi (Kaksi)〜, kiitos ！
ウクシ(カクシ)〜、キートス

ペルケレ…

食べ物に関するよく見る単語

レストラン —— Ravintola ラヴィントラ

カフェ —— Kahvila カハヴィラ

バー —— Baari バーリ

サラダ —— salaatti サラーッティ

スープ —— keitto ケイット

肉 —— liha リハ

牛肉 —— naudanliha ナウダンリハ

豚肉 —— sianliha シアンリハ

鶏肉 —— kana カナ

魚 —— kala カラ

コーヒー —— kahvi カハヴィ

茶 —— tee テー

水 —— vesi ヴェシ

ビール —— olut オルトゥ

ワイン —— viini ヴィーニ

おまけ

フィンランド語には、日本語と同じ発音でも異なる意味を持つ単語がある……。

- Susi (スシ)→おおかみ
- Sika (シカ)→豚
- Kani (カニ)→うさぎ

街中でよく聞く悪いスラングはこちら

- Perkele (ペルケレ)
- Saatana (サータナ)

どちらも「ちくしょう、このやろう……」的なニュアンスで使われ、ヘルシンキのあちこちで耳にする。なじり言葉なのに、学んだ後に聞くと少し得した気分になってしまう悪魔の言葉だ。

フィンランド語

フィンランド語は世界的に難しい言語といわれるものの、
読み方はカタカナ読みで通じるので日本語との相性はバツグンによい！
フィンランド語の文法学習には挫けかけている私でも、旅の中でリピートして使い続けている
「使えるフィンランド語」がこちら。フィンランド語のアクセントは
「一番初めの母音」に来るので、単語の先頭を強めに発音すればバッチリ！

挨拶

やあ！── Moi！ モイ／Hei！ ヘイ

バイバイ── Moimoi！ モイモイ

さようなら── Näkemiin！ ナケミーン

ありがとう── Kiitos キートス

どういたしまして
── Ole hyvä！ オレヒュヴァ

ごめんなさい── Anteeksi アンテークシ

いらっしゃい
── Tervetuloa！ テルヴェトゥロア

またね── Nähdään！ ナハダーン

おはよう
──（Hyvää）huomenta！（ヒュヴァー）フオメンタ

おやすみ── Hyvää yötä！ ヒュヴァー ウオタ

はい── Kyllä キュッラ／Joo ヨー

いいえ── Ei エイ

乾杯！── Kippis！ キッピス

モイ！

使えるリアクション

いいね！── Hyvä！ ヒュヴァ

ステキ！── Ihanaa！ イハナー

おいしい！── Hyvä！ ヒュヴァ

美しい！── Kaunis！ カウニス

おめでとう！── Onnea！ オンネア

もちろん！── Totta kai！ トッタカイ

大丈夫！── OK！ オーコー

よい旅を！
── Hyvää matkaa！ ヒュヴァー マトカー

アイラブユー！── Minä rakastan sinua！
ミナ ラカスタン シヌア

自己紹介

はじめまして── Hauska tutustua
ハウスカ トゥトゥストゥア

（名前は）○○です── Olen ○○ オレン ○○

私は日本人です── Minä olen japanilainen
ミナ オレン ヤパニライネン

私はフィンランドが好きです
── Minä pidän Suomesta
ミナ ピダン スオメスタ

kaunis!!

フィンランド旅でよく使うアプリ

フィンランド旅で活躍する便利なアプリをご紹介！

地図アプリ Googleマップ
これさえあれば迷子知らず！ 事前に行きたい場所を保存しておくのもおすすめ。オフラインマップ機能を使うと、ヘルシンキの地図をダウンロードでき、Wi-Fiが繋がっていなくてもマップ上で現在地がわかるので便利。

交通アプリ HSL
ヘルシンキ市内のトラム・鉄道・地下鉄・バス・フェリーのチケットが、このアプリからすぐに購入できる。

通貨アプリ 為替情報Lite
世界中の通貨が、日本円でいくらか調べることができる。買い物する時に大活躍。

翻訳アプリ Google翻訳
入力はもちろん、カメラでフィンランド語を読み取っての翻訳もできる。レストランで何のメニューかわからない時にも便利。

割り勘アプリ Splitwise
支払ったお金を登録していけば、最終的に誰にいくら支払えばいいかを計算してくれる。使用通貨も指定できるので、誰かと一緒に旅行する時に便利！

スクーターレンタルアプリ Voi
ピンク色の電動スクーターのレンタルができるアプリ（P150で活躍しているもの）。使い方は初回にクレジットカードを登録したら、アプリでスクーターのQRをスキャンするだけでOK。

写真共有アプリ Instagram
みんなの訪れた素敵な場所をタグを辿って写真で検索できるので、おいしそうなレストランを探したり、旅の情報収集をするのにぴったり！ 旅に持っていく服に迷う時も、現地のリアルな装いをチェックできる。おすすめのタグは「#helsinkirestaurants」「#myhelsinki」

航空券・ホテル予約アプリ Expedia
航空券も、ホテルも予約できるアプリ。当日に急な宿泊先の検索もできて便利。

宿泊先の予約アプリ Airbnb
空き部屋やコテージのレンタル、現地アクティビティの予約ができるアプリ。

Wi-Fiについて

現地のSIMカード

フィンランドの「DNA」というキャリアのSIMカードは、5日間使い放題で5€という驚きの安さ！ SIMカードは、R-kioskiというコンビニで購入できるので、フィンランドに着いたら空港内のR-kioskiですぐにSIMカードを購入するのが◎。

DNA
5€
Rajaton
Prepaid 4G

街中のWi-Fi

R kioski

ちなみにデパートSTOCKMANN（ストックマン）の店内にはフリーWi-Fiがあり、私もSIMカードを使い始めるまでは毎回ストックマンでWi-Fiを借りていた。ホテルやR-kioskiにもフリーWi-Fiがあるので、ヘルシンキ市内でネット難民になることはない。

もし困ったことが起きたら……

旅先で困ったことが起きたら、このページを参考にしてみてください。

フィンランドでの注意点

ヨーロッパの中でも治安のよいフィンランドだけど、近年首都ヘルシンキでは移住者や失業者の増加によって軽犯罪が増え、常時お酒に酔っている人がたむろする姿が見受けられることも。特に夜の公園や、酔っ払いの多い場所ではスリに気をつけよう。年末のカウントダウンなどは夜間でも人が多く、酔っ払いも多いため、トラブルに巻き込まれやすいので注意。

もしもの時の電話帳

●日本国内からかける場合

・フィンランド大使館…03-5447-6000

●フィンランド国内からかける場合

・在フィンランド日本国大使館
…09-686-0200

・警察／消防／救急車…112

盗難・紛失の時

●盗難にあった、紛失した時は、警察に被害を届け出て証明書を発行してもらう（海外旅行傷害保険の請求や、再発行の際に必要）。

●パスポートをなくした場合は、警察で発行してもらった証明書＋旅券用証明写真２枚を持って、日本大使館で再発行手続きを行う。

●クレジットカードをなくした場合は、すぐにカード会社に連絡して、カードの使用停止と再発行手続きを進める。手続きの際にカード番号や有効期限の情報が必要なので、旅の前にカードの情報を控えておくと◎。

病気・ケガの時

●海外旅行保険に入っていない場合は、海外旅行中の治療費は基本的に全額自己負担になる。

●保険に入っていたら、まずは加入している保険会社に電話し、提携病院を紹介してもらう。ほとんどの保険会社に、日本語での24時間緊急アシスタントサービスがある。

●保険未加入でも、急を要する場合は消防署（112）に電話し、救急病院に運んでもらおう。

とっさに助けを求める時

●道を尋ねる時には「アンテークシ！（すみません）」と言いつつ、地図やグーグル翻訳を使ってコミュニケーションを取るとよい。

アンテー
クシ！

●助けを求める時は「アプア！（助けて！）」と叫び、拒絶する時は「ロペタ！（やめて！）」と叫ぼう。

アプア!!

おわりに

「また次も絶対に行きたい場所はどこ？」「いつも欠かさずやることは何？」
そんな質問から繰り出される回答には、無条件に愛がこもっていると思う。

私は、好きな人が嬉しそうに愛してやまないものを語る姿がたまらなく大好きだ。
なんだか、こちらまで愛おしくなるし、試してみたくなる。

フィンランド人の友人たちも基本的に無口だけれど、
自分が好きなことの話になると顔を赤らめつつも口数が多くなる。
その姿がなんだか愛おしくて幸せで。

「たとえ万人に受けるものではなくても、自分が本当に好きなものを大事にすることは
こんなにもステキなことなんだ」と、フィンランドのみんなに教えてもらった。

私のルーティンの中にも「好きな人が好きだったもの」がたくさんある。
愛されバーガーも、サルミアッキウォッカも、ハンドソープも……
「あの人の好きなもの」というストーリーもセットで、愛おしいものになっている。

もちろん、ルーティンにまでなりきらなかったものもあるけれど、

だからこそ残ったルーティンには、すでに自分の「らしさ」が出るのだと思う。

自分の旅も人生も、誰かのモノサシではなく自分らしく決めていい。
そして時には、誰かの好きなものを好きになりながら、自分らしさを知るのもいい。

1人でも多くの人が、自分らしい「好き」を大事にできますように。

そして、そんな「好き」の積み重ねが
「私には、あの場所がある。だから私は、大丈夫」と思える
お守りのような場所へと、繋がっていきますように。

この本を読んでくださった方々が、どんなことを愛してやまないのか……
そんなことを、いつか一緒にお話しできる日が来れば嬉しいです。

この度は本書を手に取っていただき、本当にありがとうございました。
またどこかでお会いしましょう、kiitos & moimoi！

週末北欧部 chika

デザイン＝廣田 萌（文京図案室）
校正＝聚珍社
編集＝安田 遥、滝本愛弓（ワニブックス）

マイフィンランドルーティン100

北欧好きをこじらせた私が旅先で愛してやまないこと

著者＝週末北欧部 chika

2021年10月4日 初版発行
2023年11月1日 6版発行

発行者＝横内正昭
編集人＝青柳有紀

発行所＝株式会社ワニブックス
〒150-8482
東京都渋谷区恵比寿4-4-9 えびす大黒ビル
電話＝03-5449-2711（代表） 03-5449-2716（編集部）
ワニブックスHP＝http://www.wani.co.jp/
WANI BOOKOUT＝http://www.wanibookout.com/

印刷所＝株式会社美松堂
DTP＝株式会社オノ・エーワン
製本所＝ナショナル製本

定価はカバーに表示してあります。
落丁本・乱丁本は小社管理部宛にお送りください。
送料は小社負担にてお取替えいたします。
ただし、古書店等で購入したものに関してはお取替えできません。
本書の一部、または全部を無断で複写・複製・転載・公衆送信することは
法律で認められた範囲を除いて禁じられています。

©週末北欧部chika2021
ISBN 978-4-8470-7099-0